Arno Backhaus

Bibel dir deine Meinung

Arno Backhaus

Bibel dir deine Meinung

Die Bibel kreativ – lesen wie noch nie

Illustrationen von Jörg Peter

Brendow
VERLAG + MEDIEN

Bibliografische Information Der Deutschen Bibliothek
Die Deutsche Bibliothek verzeichnet diese Publikation in der Deutschen Nationalbibliografie; detaillierte bibliografische Daten sind im Internet über http://dnb.ddb.de abrufbar.

2. Auflage 2005
ISBN 3-86506-034-X

Konzeption und Redaktion: Steve Volke Communications, Marburg
Einbandgestaltung: Georg Design, Münster
Titelgrafik: Thomas Georg
Innenillustrationen: Jörg Peter
Satz und Layout: BrendowCreativ, Moers
Druck und Bindung: Clausen & Bosse, Leck
Printed in Germany

www.brendow-verlag.de

Rein ins bunte Bibelleben ...

Manche bezeichnen die Bibel als „Das Wort“ oder „Das Wort Gottes“. Jetzt soll ich ein Vor-Wort schreiben. Gibt es etwas vor Gott? Wenn ja, dann wäre das auch wieder Gott, denn die erste und letzte Instanz ist immer Gott.

Er hat nicht nur das erste Wort und das Recht auf das Vor-Wort, er hat auch das Recht auf das Nach-Wort. Ganz am Ende hat er das letzte Wort. Und zuletzt braucht keiner mehr Worte, da müssen sie alle schweigen, die Lautsprecher in den Konzentrationslagern und in den Discotheken, die Brüller auf den Jahrmärkten, die Vertreter mit ihren Überredungskünsten, die Kanonen auf den Schlachtfeldern, die Firmen- und Nachrichtensprecher, die rechten und linken Chaoten mit ihren Parolen, die, die alles nachplappern, weil sie keine eigene Meinung haben, die, die an den Börsen nach Gewinnen schreien, die Sektenüberreder, die Schwätzer, die Versteigerer, die Pressesprecher, die Vorsänger in den Kirchen und Moscheen, die Vorwort- oder Nachwortschreiber.

Schweigen werden aber auch diejenigen, die jetzt noch ganz leise nach innen schreien nach Hilfe, Liebe und Verständnis, nach Wasser und Brot.

Und dann gibt Gott ganz am Ende sein großes Fest und dazu lädt er heute schon ein mit der dicksten Einladungskarte: der Bibel. Wir entscheiden, ob wir diese Einladung annehmen. Zwingen wird er uns nicht, eine Ewigkeit mit ihm zu verbringen ...

Euer Arno Backhaus

Zwei Menschen treffen sich in der Hölle.
Sagt der eine: „Sind Sie nicht der berühmte Eugen Drewermann, der das Werk ‚Die Bibel – ein Märchenbuch‘ herausgegeben hatte?“ – „Na und?! Man wird sich ja wohl mal irren dürfen!“

Weg-Weiser

Suchen und finden:
Das kommt mir irgendwie bekannt vor! Biblische Geschichten irgendwie anders und verrückte Bibelstellen, die man erst mal finden muss

Lesen und verstehen:
Texte zum Nachdenken, Festlesen, Vorlesen, Ablachen und Aufmerken

Lachen und weinen:
Witziges zum Buch der Bücher,
Gags zum Weitererzählen

Arnos Bible-Games:
Spiele, Rätsel, Quiz einmal anders,
Action mit Gottes Wort und Spielideen
für aktive Gruppen

Kommt mir irgendwie bekannt vor ...

Am Anfang ...

Am Anfang schuf Gott Papier und Bleistift. Auf dem Papier war es noch hell und leer. Nur Weis(s)heit bedeckte die Fläche.

Da befahl Gott: Schwarze Linien sollen auf dem Papier erscheinen, und es geschah. Und Gott hatte Freude an den Strichen. Dann gab Gott den Linien einen Schlüssel. So geschah es. Und Gott befahl, dass schwarze Punkte auf den Linien erschienen. Und Gott hatte Freude daran, denn es war sehr gut.

Und Gott nannte die Fläche Papier und die schwarzen Punkte Noten. Dann befahl Gott, an den Noten sollen Hälse entstehen, manche nach oben, andere nach unten gerichtet, manche mit Fähnchen, andere ohne. Und Gott brachte alle Arten von Noten hervor, halbe, ganze, punktierte, 16tel. Nur an Schulnoten hatte er keine Freude. Und Gott schuf Dur für den Tag und Moll für die Nacht. Und Gott hatte Freude daran.

Dann befahl Gott: Die Noten sollten Melodien hervorbringen. Und weil Gott die Ruhe liebte, schuf er ruhig-meditative Melodien; und weil er der Fels in der Brandung des Universums war, schuf er den Rock; Klassik sollte alle an Gottes Klasse, an seine Qualität erinnern; und weil er Körper und Seele nicht trennen wollte, brachte er Techno und Soul hervor; die Country-Musik sollte ihn an das Land erinnern, das er vor Lichtjahren schuf.

Und Gott hatte Freude daran und tanzte im Himmel mit seinen engsten Freunden.

Dann sagte Gott: „Nun wollen wir den Menschen machen, ein Wesen, das uns ähnlich ist.

Er soll Macht über die Noten haben und mit ihnen spielerisch umgehen. Nur die Note ‚L' bleibt mir überlassen, die soll der Mensch nicht anrühren."

Das Original findest du im Alten Testament (u.a. 1. Mose 2,8-11,16+17, 1. Mose 3,1-19)

Hanna liest die Weihnachtsgeschichte vor und verliest sich: „Und diese Schätzung war die allererste und geschah zu der Zeit, da Quirinius Statthalter in Sibirien war . . ."

Einer will eine Bibelstelle zitieren und zitiert völlig falsch: „Einer achte die Frau höher als die andere ..."

Am See Genezareth wollen zwei Touristen mit dem Boot übergesetzt werden. Der Fährmann verlangt zehn Dollar. „Ziemlich teuer", sagt der eine Tourist.
„Aber bedenken Sie, über diesen See ist der Herr Jesus zu Fuß gewandelt!" Antwortet der andere Tourist: „Kein Wunder, bei den Preisen!"

Am Anfang

Am Anfang, da war Aristoteles,
und ruhende Objekte neigten dazu, weiter zu ruhen,
und bewegte Objekte neigten dazu, zur Ruhe zu kommen,
und bald kamen alle Objekte zur Ruhe,
und Gott sah, dass dies langweilig war.

Dann erschuf Gott Newton,
und ruhende Objekte neigten dazu, weiter zu ruhen,
aber bewegte Objekte neigten dazu, in Bewegung zu bleiben,
und Energie wurde erhalten, und Bewegung wurde erhalten,
und Materie wurde erhalten,
und Gott sah, dass dies konservativ war.

Dann erschuf Gott Einstein,
und alles war relativ,
und schnelle Objekte wurden kurz,
und gerade Objekte wurden gekrümmt,
und das Universum war voller Trägheitsmomente,
und Gott sah, dass dies relativ allgemein,
einiges aber speziell relativ war.

Dann erschuf Gott Bohr,
und da war das Prinzip,
und das Prinzip war das Quant,
und alle Objekte wurden quantifiziert,
aber einige Objekte waren immer noch relativ,
und Gott sah, dass dies verwirrend war.

Dann wollte Gott Ferguson erschaffen,
und Ferguson hätte vereinheitlicht,
und er hätte eine Theorie ins Feld geführt,
und alles wäre eins gewesen,
aber es war der Siebente Tag, und Gott ruhte,
und ruhende Objekte neigen dazu, weiter zu ruhen.

Und am Anfang, da war ja Aristoteles,
und ruhende Objekte neigten dazu, weiter zu ruhen usw.

Die Frage, was zuerst da war, das Huhn oder das Ei, ist mindestens für die, die an die Schöpfung glauben, jetzt geklärt: Denn Gott schuf zuerst das Huhn mit dem Potenzial, Eier zu legen. Es wird nicht berichtet, dass Gott Eier schuf.

Die Erschaffung des Menschen

(Kleine Ergänzung zur Schöpfungsgeschichte)

Als Gott das Maultier erschuf, sagte er zu ihm: „Du bist ein Maultier, du wirst jeden Tag von Sonnenaufgang bis Sonnenuntergang arbeiten und schwere Lasten auf deinem Rücken tragen. Du wirst Gras fressen und wenig Verstand haben, dafür aber fünfzig Jahre alt werden."

Das Maultier antwortete: „Auf diese Art und Weise fünfzig Jahre zu leben, ist zu viel. Bitte, gib mir nur zwanzig Jahre." Und es geschah so.

Als Nächstes erschuf Gott den Hund und sagte zu ihm: „Du wirst voller Aufmerksamkeit über die Wohnstätten der Menschen wachen und ihr bester Genosse sein. Du wirst die Reste von seinem Tisch fressen und fünfundzwanzig Jahre alt werden."

Der Hund antwortete: „Herr, fünfundzwanzig Jahre lang auf diese Art und Weise als Hund zu leben, ist zu viel. Bitte, gib mir nicht mehr als zehn Jahre." Und es geschah so.

Als Nächstes erschuf Gott den Affen und sagte zu ihm: „Du bist ein Affe. Du wirst dich von Baum zu Baum schwingen und wie ein Idiot handeln. Du wirst sehr komisch sein und zwanzig Jahre leben."

Der Affe antwortete: „Herr, zwanzig Jahre als der Clown der Welt zu leben, ist zu viel. Bitte, Herr, gib mir nicht mehr als zehn Jahre." Und es geschah so.

Als Letztes erschuf Gott den Menschen und sagte zu ihm: „Du bist der Mensch, das einzige vernünftige Wesen, das über die Erde geht. Du wirst deinen Verstand benutzen, um die Herrschaft über alle Lebewesen auf Erden zu bekommen. Du wirst die Erde

beherrschen und zwanzig Jahre leben."
Und der Mensch antwortete: „Herr, Mensch zu sein für nur zwanzig Jahre ist zu wenig. Bitte, Herr, gib mir die dreißig Jahre, die das Maultier ausschlug, die fünfzehn Jahre, die der Hund nicht wollte, und die zehn Jahre, die der Affe zurückwies." Und es geschah so.

Und Gott ließ den Menschen zwanzig Jahre als Mensch leben, dann heiratete er und lebte dreißig Jahre wie ein Maultier, arbeitete und trug schwere Lasten. Dann bekam er Kinder und lebte fünfzehn Jahre wie ein Hund, bewachte das Haus und aß die Überreste, wenn die Kinder die Speisekammer geplündert hatten.

Dann, in hohem Alter, lebte er zehn Jahre wie ein Affe, handelte wie ein Idiot und belustigte die Enkelkinder.

Vor der Kirche hängt ein großes Plakat mit der Aufschrift: „Weißt du, was Höllenqualen sind?" Darunter steht mit Kugelschreiber geschrieben: „Wenn nicht, komm hierher und höre dir den Organisten an!"

Eine Frau kommt in eine Buchhandlung und fragt: „Haben Sie eine Bibel?" „Ja, wir haben eine Bibel, aber nur eine uralte, ich weiß nicht, ob die heute noch gültig ist."

Zwei Mönche sitzen im Eisenbahnabteil. Sie lesen beide in der Bibel. Einer schmaucht genüsslich an einer Pfeife. Sagt der nicht rauchende Mönch zu seinem Gegenüber: „Ich habe meinen Abt gefragt, ob ich beim Lesen der Bibel rauchen darf. Er hat es nicht erlaubt." Entgegnet ihm verschmitzt lächelnd der rauchende Mönch: „Ich habe meinen Abt gefragt, ob ich beim Rauchen die Bibel lesen darf. Er hat es erlaubt."

„Was ist der Name Gottes?" – „Ernst Groß." – „Wie kommst du denn darauf?" –„In der Bibel steht doch: ‚Wer mich mit ERNST anruft, wird erhört werden. Denn mein Name ist GROSS."

Ein neuer Pastor kam in die Stadt und besuchte an einem Samstagabend seine Pfarrkinder. Alles ging gut bis auf ein Haus, in dem offensichtlich jemand zu Hause war, aber auf wiederholtes Klopfen nicht öffnete. Der Pastor warf seine Visitenkarte mit der Notiz „Offenbarung 3:20" in den Briefkasten. Wie staunte er, als

er am anderen Tag die Kollekte zählte und seine Karte fand. Unter seiner Notiz stand: *„1. Mose 3,10".*
(Offenbarung 3,20 „Ich stehe vor der Tür und klopfe an. Wer meine Stimme hört und die Tür öffnet, bei dem werde ich eintreten, und wir werden Mahl halten, ich mit ihm und er mit mir." 1. Mose 3,10 „Er antwortete: Ich habe dich im Garten kommen hören; da geriet ich in Furcht, weil ich nackt war, und versteckte mich.")

Warum vermutet man, dass der Hebräerbrief von einer Frau geschrieben wurde? Nur eine Frau kann nach 13 Kapiteln behaupten: „Ich habe euch ja nur kurz geschrieben ..."

Das Spiegelbild

„Er wird sitzen und schmelzen und das Silber reinigen … und sie läutern wie Gold und Silber." Maleachi 3,3

Dieser Vers stellte einige im Hauskreis beim Bibelstudium vor ein Rätsel. Sie fragten sich, was diese Aussage über die Eigenschaften Gottes aussagt.

Eine Frau bot sich an herauszufinden, wie Silber geläutert wird, und dies beim nächsten Treffen zu erzählen. In der Woche rief sie einen Silberschmied an und bat ihn um einen Termin, um ihm bei der Arbeit zuzusehen. Sie gab ihm keinen Grund für ihr Interesse an, außer dass sie neugierig sei auf das Verfahren, Silber zu reinigen.

Während sie den Silberschmied beobachtete, erhitzte er ein Stück Silber über dem Feuer.

Er erklärte ihr, dass man das Silber in die Mitte des Feuers halten muss, wo die Flammen am heißesten sind, damit alle Verunreinigungen verbrannt werden.

Die Frau dachte darüber nach, wie Gott uns in eine so heiße Flamme hält. Dann fiel ihr wieder der Vers ein: *„Er wird sitzen und schmelzen und das Silber reinigen …"*

Sie fragte den Silberschmied, ob es wahr sei, dass er, während er das Silber läuterte, die ganze Zeit vor dem Feuer sitzen bleiben müsse. Der Mann antwortete: „Ja, ich muss nicht nur hier sitzen und das Silber in die Flammen halten, ich muss es auch die ganze Zeit über genau im Auge behalten. Wenn das Silber nur einen Moment zu lange im Feuer bleibt, ist es verdorben."

Die Frau schwieg einen Moment. Dann fragte sie den Silberschmied: „Wie weiß man denn, wann das Silber völlig geläutert ist?"

Der Silberschmied lächelte ihr zu und antwortete: „Ach, das ist einfach: sobald ich mein Spiegelbild darin sehen kann."

Die Zehn Gebote Gottes enthalten 273 Wörter, die amerikanische Unabhängigkeitserklärung 300 Wörter, die Verordnung der Europäischen Gemeinschaft über den Import von Karamellbonbons hat aber exakt 25.911 Wörter.

Merkwürdig

- Merkwürdig, wie leicht es für Menschen ist, Gott zu leugnen.
- Merkwürdig, dass wir glauben können, was in der Zeitung steht, aber anzweifeln, was in der Bibel steht.
- Merkwürdig, dass jeder in den Himmel will und trotzdem annimmt, man braucht nicht zu glauben, zu denken, zu sagen oder zu tun, was in der Bibel steht.
- Merkwürdig, wie jemand sagen kann „Ich glaube an Gott", aber dennoch dem Teufel folgt (der, nebenbei, auch an Gott „glaubt“).
- Merkwürdig, wie man eintausend Witze über E-Mail verschicken kann und sie breiten sich aus wie ein Strohfeuer, aber wenn man anfängt, Nachrichten über den HERRN zu verschicken, überlegt man zweimal an wen.
- Merkwürdig, wie das Obszöne, Vulgäre, Gewalttätige und Okkulte frei den Cyberspace passieren kann, aber eine öffentliche Diskussion über Jesus in den Schulen und am Arbeitsplatz unterdrückt wird. Merkwürdig, nicht?
- Merkwürdig, wie jemand im Gottesdienst so entbrannt für Jesus sein kann, aber den Rest der Woche ein unsichtbarer Christ bleibt.
- Merkwürdig, wie ich mehr besorgt darüber sein kann, was andere Leute von mir denken, als was Gott von mir denkt.

Illustrierten-Bibel

ab 4 Personen
ab 8 Jahren
ca. 5 bis 10 Minuten

Charakter des Spiels: spannend, keine Bibelkenntnis nötig
Material: für jede Person eine Bibel, genügend Illustrierte, Kleber, Schere, Plakatkarton

Jeder sucht sich eine Bibelstelle aus und schneidet die passenden Wörter oder auch Satzsequenzen, die ihr in Überschriften von Illustrierten findet, heraus. Wenn ihr euren Satz zusammenhabt, gebt ihr die einzelnen Satzteile oder/und Wörter an euren Nachbarn. Der soll versuchen, aus den Wortfetzen die Bibelstelle herauszufinden, und sie dann passend vor sich zusammenlegen.
Zum Schluss könntet ihr alle Bibelstellen auf ein großes Plakat kleben. Evtl. findet ihr sogar zu den Bibelstellen noch passende Fotos.

Wer sucht, der findet

ab 4 Personen
ab 8 Jahren
ca. 5 bis 10 Minuten

Charakter des Spiels: spannend, starker Wettbewerb, etwas Bibelkenntnis ist nötig
Material: Bibel

Zu diesem Spiel benötigt jede Person eine Bibel oder ein Neues oder Altes Testament. Jetzt kannst du gegen deinen Pfarrer oder Küster oder wen auch immer antreten. Wer braucht wie lange, um ein bestimmtes Wort darin zu finden? Einer schaut auf die Uhr und kontrolliert die Zeit. Jeder ist einmal mit Suchen dran. Die Zeiten werden aufgeschrieben. Wer die schnellste Zeit hat, bekommt die höchste Punktzahl, der zweite die zweithöchste usw.
Hier ein paar Wörter, die gefunden werden müssen:
Kuss – Kreuz – Glaube – Liebe – Schaf – Jünger – Sabbat – Testament – Himmel – Gemeinde - Menschensohn – Licht – Schwein – Wein – Jesus – Teufel – Taufe – Sonne – Gott – Wort – usw.

Eine andere Variante:
Wer hat als Erster aufgeschlagen:
Die Seite 50 – irgendeinen Namen – wer findet innerhalb von 1 Minute den kürzesten Satz – wer findet innerhalb von 1 Minute den längsten Satz – wie viele Seiten hat deine Bibel – ein Getränk – ein Tier – einen Ortsnamen – wer findet als Erster genau die Stelle, an der das Neue Testament beginnt (da können nur Spieler mitmachen, die eine Gesamtbibel haben, d. h. NT + AT) – wann wurde deine Bibel gedruckt – das letzte Wort rechts unten auf Seite 200 – usw.

Tiere in der Bibel

ab 8 Personen
ab 8 Jahren
ca. 5 bis 10 Minuten

Charakter des Spiels: spannend, etwas kniffelig, starker Wettbewerb, etwas Bibelkenntnis ist nötig
Material: -

Spielvariante a)

Alle stehen im Kreis. Jeder nennt jetzt abwechselnd ein Tier, das in der Bibel genannt wird. „Vogel“ gilt, zusätzlich auch z. B. „Rabe“, aber jede Gattung oder jedes Tier darf natürlich nur einmal genannt werden. Wer kein Tier mehr weiß oder ein Tier nennt, das in der Bibel nicht vorkommt, setzt sich hin und scheidet aus. Die anderen spielen so lange weiter, bis auch der letzten stehenden Person kein Tier mehr einfällt.

Spielvariante b)

Geht nach dem uralten, aber beliebten Spiel: Kofferpacken. Es soll aber immer noch Leute geben, die durch vermehrten Computereinsatz dieses Spiel gar nicht mehr kennen. Und so funktioniert es: Ihr sitzt im Kreis. Der Erste sagt: „In der Bibel wird ein Esel genannt.“ Der Zweite und alle anderen Spieler müssen immer mit dem Satz beginnen „In der Bibel wird …“ Danach müssen sie alle Tiere der Spieler, die vor ihnen dran waren, in der richtigen Reihenfolge aufzählen und zum Schluss noch ein bisher nicht genanntes Tier aus der Bibel nennen, z.B. „In der Bibel wird ein Esel genannt und eine Kuh und eine Ameise und … ein Fisch.“

Wer kein Tier mehr weiß, die Tiere in der falschen Reihenfolge aufzählt oder auch sein eigenes Tier vergisst, scheidet aus und wird „Glühwürmchen 1“, der Nächste, der einen Fehler macht oder nicht weiterweiß, wird „Glühwürmchen 2“. Die anderen spielen so lange weiter, bis auch der letzte kein Tier mehr nennen kann. Die noch im Rennen sind, müssen natürlich auch die Tiere der „Glühwürmchen“ in der richtigen Reihenfolge mit aufzählen.

Vor dem Dom fährt der Bischof im großen schwarzen Mercedes vor. Die Menge steht ehrfurchtsvoll dabei, die Kleriker verneigen sich, alle ziehen in feierlichem Zug vor den Dom. Sagt ein Straßenjunge: „Der Verein hat sich aber ganz schön entwickelt: Angefangen haben sie mal mit einem Esel.“

Der Pfarrer: „Die heutige Predigt hat das dritte Kapitel des Briefes des Apostels Jakobus zur Grundlage. Es geht dort um den Fleischzipfel, mit dem die gräulichsten von allen Sünden getan werden ..." (leiser) „Soll ich ihn euch nennen?" (noch leiser) „Nein, ich werde ihn euch zeigen!" (Streckt der Gemeinde die Zunge heraus)

Die junge Frau will ihrer Freundin anzeigen, dass sie einen Sohn zur Welt gebracht hat und mailt: „Jesaja 9,5." Dort heißt es: „Uns ist ein Kind geboren, ein Sohn ist uns gegeben."
Die Freundin, nicht ganz so bibelfest, sagt zu ihrem Mann: „Müllers teilen uns mit, dass sie einen Sohn bekommen haben, der neuneinhalb Pfund wiegt. Aber wie sie nur auf den altmodischen Namen Jesaja gekommen sind, das ist mir schleierhaft!"

Ein Hebräer gräbt in einem Kibbuz nach Wasser und stößt dabei auf eine Mumie. Er meldet dem archäologischen Institut in Jerusalem, er habe eine Mumie gefunden, 3000 Jahre alt, an Herzinfarkt gestorben.
Das Institut bedankt sich für den Fund, weist aber die Diagnose des Hebräers mit dem Verweis auf die eigenen noch folgenden Untersuchungen als Humbug zurück.
Drei Wochen später bekommt der Hebräer Nachricht von dem Institut, dass ihre Experten zu dem gleichen Ergebnis gekommen

seien wie der Hebräer und wie er das denn direkt vor Ort diagnostizieren konnte.
Der Hebräer antwortet darauf: „Die Mumie hatte noch einen Zettel in der Hand. Darauf stand: Setze alles auf Goliath!"

Ein Student in einem Predigtnachgespräch: „Ob es das ewige Leben wirklich gibt, Herr Pfarrer, werden wir hier nicht entscheiden. Also sterben wir erst einmal. Und dann reden wir weiter."

Einem reichen Mann wurde mitgeteilt, dass er nur noch wenige Tage zu leben hatte. Seine größte Sorge war nicht das Sterben, sondern der hinterlassene Reichtum. Er schüttete sein Herz vor Gott aus und der Herr gestattete ihm, (ausnahmsweise) einen Koffer in den Himmel mitzubringen. Der Mann war überglücklich und wies seinen finanziellen Berater an, Goldbarren bereitzustellen. Kurze Zeit später starb er und wurde von Petrus an der Himmelstür begrüßt: „Herzlich willkommen. Leider können Sie Ihren Koffer nicht mit hineinnehmen."
„Aber Gott hat mir eine Sondergenehmigung für diesen Koffer erteilt", protestierte der Mann. Petrus bat den Mann, den Koffer zu öffnen. Als er die Goldbarren sah, sagt er: „Straßenpflaster!? Sie haben Straßenpflaster mitgebracht!!!"
(Offenbarung 21,21 „Und die zwölf Tore waren zwölf Perlen, je eines der Tore war aus einer Perle, und die Straße der Stadt reines Gold, wie durchsichtiges Glas.")

JÖRG 5

Fritzchen möchte beim Pfarrer beichten: „Ich habe begehrt meines Nächsten Weib, Herr Pfarrer." Irritierte Rückfrage: „Was hast du? Du bist doch gerade acht Jahre alt!" – „Ja, aber unsere Nachbarin kocht einen viel besseren Pudding als meine Mutter. Wenn Sie den probieren würden, könnten Sie auch nicht widerstehen, Herr Pfarrer."

„Warum waren Frauen die Ersten, die Jesus nach seiner Auferstehung begegnet sind?"
„Damit sich die Botschaft schneller rumspricht"

Ein junger Mann eilt völlig entrüstet an einem großen Wallfahrtsort durch die Menge und schreit: „Jetzt kann ich laufen, jetzt kann ich laufen!" Nach einigen erfolglosen Versuchen gelingt es dem Pfarrer ihn anzuhalten und die Frage zu stellen: „Ist denn ein Wunder an dir geschehen?" „Neee, mein Fahrrad ist geklaut worden!"

Überheblich

Das musste ja so kommen!
Das hätte ich ihm gleich sagen können!
Warum hat er auch nicht gehört!
Typisch!
Ich sehe was, was du nicht siehst!
Siehste!
Na klar, das passt zu ihm!
Lass ihn doch, wenn er's nicht anders will!
Ätsch!

Überhebliche Menschen sind unsympathisch und bereiten anderen Kopfzerbrechen.
Überheblich – aber vergeblich.
Einer hat sich übergeben, sein Leben an die Menschen übergeben im Stall.
Am Kreuz übergeben, dass wir überleben.
Einer hat sich den Kopf zerbrochen, wie er unser zerbrochenes Herz wieder heilt.
Der ist von seinem hohen Standard abgegangen und ist für uns Mittelmaß geworden.
Der wollte für unsere Lebensmitte das Maß sein, Lebensmittel.
Typisch Jesus. Einfach für uns gestorben, dabei war das gar nicht so einfach – selbst für Jesus war es nicht so einfach!

Typisch Gott

> Liebe deinen Nächsten – das stammt von Jesus
> Geduld – das war eine Idee Gottes
> Gott hat das Copyright für Leben
> Barmherzigkeit – eine Erfindung Gottes
> Vergebung – kommt von Jesus
> Güte – leitet sich von Gott ab
> Gnade – Gottes Eigenschaft, wessen sonst?
> Das Universum – typisch Gott
> Wer mit Frieden umgehen kann, ist in Gottes Liga richtig
> Vergebung leitet sich von Jesus ab
> Zeit hat ihren Ursprung in Gott
> Treue entspringt dem Wesen Gottes
> Freundlichkeit hat seine Wurzel in Jesus
> Gerechtigkeit beruht auf Gott

... und fliegt

Eine Hummel kann nach den Gesetzen der Aerodynamik bei 0,7 cm^2 Flügelfläche und 1,2 Gramm Gewicht unmöglich fliegen, aber sie achtet nicht darauf und ... fliegt!
Nach den Gesetzen der Schwerkraft kann kein Mensch über Wasser laufen. Aber Jesus kümmert sich nicht um die Gesetze der Schwerkraft und läuft über Wasser.

Was Hummeln können, kann Jesus auch!

(Matthäus 14,22-33)

Der Lehrer fragt in der Schule: „Meine Kinder, was müssen wir tun, damit uns Gott unsere Sünden verzeiht?“ Ein Schüler hebt den Finger: „Erst einmal sündigen!“

Verwaltung

Nach vielen Jahren sah Gott wieder einmal auf die Erde. Die Menschen waren verdorben und gewalttätig und er beschloss, sie zu vertilgen, genauso wie er es vor langer, langer Zeit schon einmal getan hatte.

Er sprach zu Noah: „Noah, bau mir noch einmal eine Arche aus Zedernholz so wie damals: 300 Ellen lang, 50 Ellen breit und 30 Ellen hoch. Ich will eine zweite Sintflut über die Erde bringen. Die Menschen haben nichts dazugelernt. Du aber gehe mit deiner Frau, deinen Söhnen und deren Frauen in die Arche und nimm von allen Tieren zwei mit, je ein Männchen und ein Weibchen. In sechs Monaten werde ich den großen Regen schicken."

Noah stöhnte auf; musste das denn schon wieder sein? Wieder 40 Tage Regen und 150 unbequeme Tage auf dem Wasser mit all den lästigen Tieren an Bord und ohne Fernsehen! Aber Noah war gehorsam und versprach, alles genau so zu tun, wie Gott ihm aufgetragen hatte. Nach sechs Monaten zogen dunkle Wolken auf und es begann zu regnen. Noah saß in seinem Vorgarten und weinte, denn da war keine Arche.

„Noah!", rief der Herr. „Noah, wo ist die Arche?"
Noah blickte zum Himmel und sprach: „Herr, sei mir gnädig."
Gott fragte abermals: „Wo ist die Arche, Noah?"

Da trocknete Noah seine Tränen und sprach: „Herr, was hast du mir angetan? Als Erstes beantragte ich beim Landkreis eine Baugenehmigung. Die dachten zuerst, ich wollte einen extravaganten Schafstall bauen. Die kamen mit der ausgefallenen Bauform nicht zurecht, denn an einen Schiffbau wollten sie nicht glauben. Auch deine Maßangaben stifteten Verwirrung, weil niemand mehr weiß, wie lang eine Elle ist. Also musste mein Architekt einen neuen Plan entwerfen. Die Baugenehmigung wurde mir zunächst abgelehnt, weil eine Werft in einem Wohngebiet planungsrechtlich unzulässig sei.

Nachdem ich dann endlich ein passendes Gewerbegrundstück gefunden hatte, gab es nur noch Probleme. Im Moment geht es z.B. um die Frage, ob die Arche feuerhemmende Türen, eine Sprinkleranlage und einen Löschwassertank benötigt. Auf meinen Hinweis, ich hätte im Ernstfall rundherum genug Löschwasser, glaubten die Beamten, ich wollte mich über sie lustig machen. Als ich ihnen erklärte, das Wasser käme noch in großen Mengen, und zwar viel mehr, als ich zum Löschen benötigte, brachte mir das den Besuch eines Arztes vom Landeskrankenhaus ein. Er wollte von mir wissen, was ein Schiffbau auf dem Trockenen, fernab von jedem Gewässer, solle. Die Bezirksregierung teilte mir daraufhin telefonisch mit, ich könnte ja gern ein Schiff bauen, müsste aber selbst zusehen, wie es zum nächsten größeren Fluss käme. Mit dem Bau eines Sperrwerks könnte ich nicht rechnen, nachdem der Ministerpräsident zurückgetreten sei. Dann rief mich noch ein anderer Beamter dieser Behörde an, der mir erklärte, sie seien inzwischen ein kundenorientiertes Dienstleistungsunternehmen und darum wolle er mich darauf hinweisen, dass ich bei der EU in Brüssel eine Werftbeihilfe beantragen könne; allerdings müsste der Antrag achtfach in den drei Amtssprachen eingereicht werden.

Inzwischen ist beim Verwaltungsgericht ein vorläufiges Rechtsschutzverfahren meines Nachbarn anhängig, der einen

Großhandel für Tierfutter betreibt. Der hält das Vorhaben für einen großen Werbegag – mein Schiffbau sei nur darauf angelegt, ihm Kunden abspenstig zu machen. Ich habe ihm schon zweimal erklärt, dass ich gar nichts verkaufen wolle. Er hört mir gar nicht zu und das Verwaltungsgericht hat offenbar auch viel Zeit. Die Suche nach dem Zedernholz habe ich eingestellt.

Libanesische Zedern dürfen nicht mehr eingeführt werden. Als ich deshalb hier im Wald Bauholz beschaffen wollte, wurde mir das Fällen von Bäumen – unter Hinweis auf das Landeswaldgesetz – verweigert. Dies schädige den Naturhaushalt und das Klima. Außerdem sollte ich erst eine Ersatzaufforstung nachweisen. Mein Einwand, in Kürze werde es gar keine Natur mehr geben und das Pflanzen von Bäumen an anderer Stelle sei deshalb völlig sinnlos, brachte mir den zweiten Besuch des Arztes vom Landeskrankenhaus ein.

Die angeheuerten Zimmerleute versprachen mir schließlich, für das notwendige Holz selbst zu sorgen. Sie wählten jedoch erst einmal einen Betriebsrat. Der wollte mit mir zunächst einen Tarifvertrag für den Holzschiffbau auf dem flachen Lande ohne Wasserkontakt aushandeln. Weil wir uns aber nicht einig wurden, kam es zu einer Urabstimmung und zum Streik. Herr, weißt du eigentlich, was Handwerker heute verlangen? Wie soll ich denn das bezahlen?

Weil die Zeit drängte, fing ich schon einmal an, Tiere einzusammeln. Am Anfang ging das noch ganz gut, vor allem die beiden Ameisen sind noch immer wohlauf. Aber seit ich zwei Tiger und zwei Schafe von der Notwendigkeit ihres gemeinsamen und friedlichen Aufenthaltes bei mir überzeugt hatte, meldete sich der örtliche Tierschutzverein und rügte die artwidrige Haltung. Und mein Nachbar klagt auch schon wieder, weil er auch die Eröffnung eines Zoos für geschäftsschädigend hält. Herr, ist dir eigentlich klar, dass ich auch nach der Europäischen Tierschutztransportverordnung eine Genehmigung brauche? Ich bin schon auf Seite 22 des Formulars und grüble im Moment darüber, was ich als Transportziel angeben soll. Und wusstest du, dass z.B. geweihtragende Tiere während der Brunftzeit überhaupt nicht transportiert werden dürfen? Und die Hirsche sind ständig am Schnackseln, wie Fürstin Gloria sagen würde, und auch der gemeine Elch und Ochse denken an nichts anderes, besonders die Südlicheren!

Übrigens, wo hast du eigentlich die Callipepia caliconica – du weißt schon, die Schopfwachteln, und den Lethamus Discolor versteckt? Den Schwalbensittich habe ich bisher auch nicht finden können.

Dir ist natürlich auch bewusst, dass ich die 43 Vorschriften der Binnenmarkt-Tierschutzverordnung bei dem Transport der Kaninchen strikt beachten muss. Meine Rechtsanwälte prüfen gerade, ob diese Vorschriften auch für Hasen gelten.

Übrigens: Wenn du es einrichten könntest, die Arche als fremdflaggiges Schiff zu deklarieren, das sich nur im Bereich des deutschen Küstenmeeres aufhält, bekäme ich die Genehmigung viel einfacher. Du könntest dich doch auch einmal für mich bemühen. Ein Umweltschützer von Greenpeace erklärte mir, dass ich Gülle, Jauche, Exkremente und Stallmist nicht im Wasser entsorgen darf. Wie stellst du dir das eigentlich vor? Damals ging es doch auch!

Vor zwei Wochen hat sich das Oberkommando der Marine bei mir gemeldet und von mir eine Karte der künftig überfluteten Gebiete erbeten. Ich habe ihnen einen blau angemalten Globus geschickt. Und vor zehn Tagen erschien die Steuerfahndung; die haben den Verdacht, ich bereite meine Steuerflucht vor. Ich komme so nicht weiter, Herr, ich bin verzweifelt! Soll ich nicht doch lieber meinen Rechtsanwalt mit auf die Arche nehmen?"

Noah fing wieder an zu weinen. Da hörte der Regen auf, der Himmel klarte auf und die Sonne schien wieder. Und es zeigte sich ein wunderschöner Regenbogen. Noah blickte auf und lächelte. „Herr, du wirst die Erde doch nicht zerstören?"

Da sprach der Herr: „Darum sorge ich mich nicht mehr, das schafft schon eure Verwaltung!"

Nivea-Lied
„Warum sollt ich mich denn grämen?"

Waffel-Lied
„Herz und Herz vereint zusammen."

Atheist:
„Für mich ist Jesus schon lange gestorben."

Christ:
„Für mich auch."

Beichte

Be ich **te**

Noahs Schrei-Test

ab 10 Personen
ab 8 Jahren
ca. 5 bis 10 Minuten

Charakter des Spiels: spannend, witzig-verrückt, starker Wettbewerb, Bibelkenntnis ist nicht nötig
Material: -

Was für ein Krach auf der Baustelle von Noahs Arche! Alle werkeln und hämmern vor sich hin, die Kinder spielen lautstark mit den Sägespänen und ein paar Ziegen meckern dazwischen herum. Noah hat 100 Meter weiter gerade die Säge, die du brauchst, und ist außerdem schon etwas schwerhörig. Jetzt kommt's drauf an, wie laut du sein kannst.
Zwei Gruppen (z. B. Jungen und Mädchen) stehen sich in Reihen in drei bis fünf Metern Entfernung gegenüber. Ein Mädchen, das sehr laut schreien kann, stellt sich in die Reihe der Jungen. Das Mädchen bekommt einen Begriff genannt, den weder die Jungen noch die anderen Mädchen vorher wissen. Nun muss das Mädchen versuchen, diesen Begriff der Mädchenreihe zuzuschreien. Die Mädchen müssen heraushören, welcher Begriff es ist. Natürlich schreien die Jungen den Mädchen auch (irgendetwas) entgegen, um den Geräuschpegel zu erhöhen und es unmöglich zu machen, den Begriff herauszuhören. Wenn die Mädchenreihe den Begriff geraten hat, kommen die Jungen dran. Einer von ihnen stellt sich in die Mädchenreihe und schreit den Jungen einen Begriff zu. Hier ein paar Möglichkeiten:
Holzkeil – Hammer – Baumstamm – Maßband – Hobel – Vogelfutter – Erste-Hilfe-Kasten – Getränke – Schrauben – Ziegenkäse – Mantel – Sägeblatt – Schraubenzieher – usw.

Hieroglyphen

ab 6 Personen
ab 10 Jahren
ca. 5 bis 10 Minuten

Charakter des Spiels: spannend, interessant, etwas verrückt, leichter Wettbewerb, Bibelkenntnis ist nicht nötig
Material: -

Die Menschen zur Zeit Jesu haben die Briefe, die heute unsere Bibel ausmachen, ja von rechts nach links aufgeschrieben und deshalb soll die Spielrunde seitenverkehrt lesen lernen. Das geht ganz einfach: Du fragst in die Runde, wer eine gute Handschrift hat oder wer Lehrer ist usw. Die Person bittest du nach vorne und zeigst ihr auf einem Zettel einen bestimmten Begriff, möglichst so, dass ihn die anderen Spieler nicht lesen können.

Der Begriff könnte z. B. heißen „Luther". Die Person muss jetzt versuchen, den Begriff mit der Nase in die Luft zu schreiben. Nicht in Druckschrift, sondern in Schreibschrift, von links nach rechts. Die anderen müssen natürlich von rechts nach links lesen und versuchen, den Begriff zu entschlüsseln. Wenn keiner die Schrift entziffern kann, muss die Person es so oft von neuem versuchen, bis es einer lesen kann.

Wer als Erster den Begriff herausbekommen hat, muss jetzt weitermachen, kommt nach vorne und bekommt einen neuen Begriff gezeigt. Nun muss er versuchen, den Begriff in die Luft zu schreiben. Man kann sich unterschiedlich schwierige Begriffe aussuchen.

Leichte für jüngere Kinder wie:

Gott – Amen – Beten – Tempel – Himmel – Jesus – Eden

Etwas schwierigere für „Profis“:

Hallelujah – Sündenerkenntnis – Abendmahlskelch – Tauferneuerungsfest – Hosianna – Maranatha – Evangelisationsveranstaltung – Matthäusevangelium – usw.

Und Jesus sagte zu ihnen: „Was sagen die Leute, was ich sei?“ Und sie antworteten: „Du bist die Manifestation unseres eschatologischen Wesensgrundes, die Verkündigung, die sich kundtut im Konflikt und im Ablauf des Harmonisierungsprozesses.“ Und Jesus sagte: „Waaas bin ich?“

Wörter finden

ab 2 Personen
ab 8 Jahren
ca. 5 bis 10 Minuten

Charakter des Spiels: kniffelig, Bibelkenntnis ist nötig
Material: -

Du hast genau 15 Sekunden Zeit, so viele Begriffe wie möglich zu nennen, die im weitesten Sinne mit Bibel, Glaube, Kirche, Gott, Religion zu tun haben und mit einem bestimmten Buchstaben beginnen. Einer gibt das Startzeichen, achtet auf die Zeit und nennt den Buchstaben, z. B.

A – Amen – Abendmahl – Aron – Adam – Abba – Adventisten – usw.

E – Esel – evangelisch – Evangelisation – Esau – Eunuchen – usw.

G – Gott – Glaube – Gastfreundschaft – Gnade – Güte – Gerechtigkeit – usw.

K – Kirche – Konfession – Kain – König – katholisch – usw.

S – Sünde – Saul – Segen – Schöpfung – usw.

Moses Befehle

ab 8 Personen
ab 5 Jahren
ca. 5-10 Minuten

Charakter des Spiels: etwas chaotisch, spannend, kniffelig, etwas lustig, starker Wettbewerb, Bibelkenntnis ist nicht nötig
Material: –

Moses hat ja seinem Volk immer wieder Befehle gegeben. Das Volk Israel hat diese aber nicht befolgt, und das hat oft zu großen Problemen geführt.
Alle sitzen im Kreis. Der Spielleiter gibt unregelmäßige Befehle, mal „Manna“ und mal „Hosianna“. Bei „Manna“ müssen alle aufstehen, bei „Hosianna“ sich alle hinsetzen. Der Spielleiter sitzt mit im Kreis und gibt die Befehle, darf aber die anderen irritieren, indem er „Hosianna“ sagt und dabei aufsteht oder „Manna“ und sich dabei hinsetzt. Weiter irritierend ist auch, mit Armbewegungen zu arbeiten bzw. zu verwirren, also bei „Hosianna“ aufzustehen und mit den Armen die anderen aufzufordern, aufzustehen (obwohl sie sitzen bleiben bzw. sich setzen müssten). Auch mit Lautstärke kann man die Spieler auf eine falsche Fährte führen. Alle, die falsch aufstehen oder sich falsch hinsetzen, oder bei sehr guten Spielern, wenn sie zucken, scheiden aus und müssen ganz sitzen bleiben. Wer schafft es bis zum Schluss? Es ist nicht erlaubt, dass die Mitspieler die Augen schließen oder woanders hingucken. Jeder muss dem Spielleiter in die Augen schauen. Diesen Trick dürft ihr aber nicht vorher verraten, erst verbieten, wenn es jemand macht.

(Okay, einen Haken hat das Spiel: Natürlich hat Moses nicht versucht, sein Volk reinzulegen, im Gegenteil, er hat gelitten und ist fast an dem Starrsinn seines Volkes verzweifelt.)

Verrückte Bibelstellen!

Gottes Diätprogramm
Johannes 3,30 „Er muss wachsen, ich aber abnehmen."

Gottes Wellness-Programm – wie wird man jünger?
Ganz einfach: Jesus folgen, dann wird man Jünger Jesu! (*Johannes 9,27 „Wollt ihr etwa auch seine Jünger werden?"*) Ob die, die in Gemeinden Älteste werden wollen, auch gerne Jünger sind?

Gottes WC-Anordnung
Bei WC in Bezug auf die Bibel denken viele eher an eine Wald-Capelle, aber weniger an ein Wasser-Closett. Streng genommen hat die WC-Anweisung auch nichts mit Wasser zu tun, aber lies mal selbst:
5. Mose 23, ab Vers 12 „Du sollst draußen vor dem Lager einen abseits gelegenen Ort haben, dahin du zur Notdurft hinausgehst. Und du sollst eine Schaufel haben, und wenn du dich draußen setzen willst, sollst du damit ein Loch graben; und wenn du gesessen hast, sollst du zuscharren, was von dir gegangen ist."

Vogelscheuchen im Gurkenfeld
„Hört, was der HERR zu euch redet, ihr vom Hause Israel! So spricht der HERR: Ihr sollt nicht den Gottesdienst der Heiden annehmen und sollt euch nicht fürchten vor den Zeichen des Himmels, wie die Heiden sich fürchten. Denn ihre Götter sind alle nichts. Man fällt im Walde einen Baum, und der

Bildhauer macht daraus mit dem Schnitzmesser ein Werk von Menschenhänden, und er schmückt es mit Silber und Gold und befestigt es mit Nagel und Hammer, dass es nicht umfalle. Sie sind ja nichts als Vogelscheuchen im Gurkenfeld. Sie können nicht reden; auch muss man sie tragen, denn sie können nicht gehen. Darum sollt ihr euch nicht vor ihnen fürchten; denn sie können weder helfen noch Schaden tun."
(Jeremia 10,1)

Anordnung für den Campingplatz
„Mache den Raum deines Zeltes weit und breite aus die Decken deiner Wohnstatt; spare nicht! Spann deine Seile lang und stecke deine Pflöcke fest!"
(Jesaja 54, 2-4)

Eltern sollen ein Sparbuch für die Kinder anlegen!
2. Korinther 12,14f „Schon zum dritten Mal will ich jetzt zu euch kommen, und ich werde euch nicht zur Last fallen; ich suche ja nicht euer Geld, sondern euch. Denn nicht die Kinder sollen für die Eltern sparen, sondern die Eltern für die Kinder."

Gott hat die Schirmherrschaft:
Psalm 91, 1 + 2 „Wer unter dem Schirm des Höchsten sitzt und unter dem Schatten des Allmächtigen bleibt, der spricht zu dem HERRN: Meine Zuversicht und meine Burg, mein Gott, auf den ich hoffe."

Gottes Frohnatur – sogar Bäume lässt er Beifall klatschen!
„Voll Freude werdet ihr fortziehen, wohlbehalten kehrt ihr zurück. Berge und Hügel brechen bei eurem Anblick in Jubel aus, alle Bäume auf dem Feld klatschen Beifall. Statt Dornen wachsen Zypressen, statt Brennnesseln Myrten."
(Jesaja 55,12+13)

„In die Hände klatschen sollen die Ströme, die Berge sollen jubeln im Chor."
(Psalm 98,8)

„Es jauchze die Flur und was auf ihr wächst. Jubeln sollen alle Bäume des Waldes."
(Psalm 96,12)

„Lobt ihn, alle Himmel und ihr Wasser über dem Himmel!"
(Psalm 148,4)

„Dann wird unser Mund voll Lachens und unsere Zunge voll Rühmen sein."
(Psalm 126,2)

„Da merkte ich: Es gibt nichts Besseres für die Menschen, als fröhlich zu sein und sich im Leben gütlich zu tun."
(Prediger 3,12)

„Der Herr hat Großes an uns getan, darüber sind wir fröhlich."
(Psalm 126,3)

Aber auch damals gab es Menschen, die keinen „Spaß verstanden“, die sich nicht mitfreuen konnten: *„Als die Bundeslade in die Davidsstadt getragen wurde, stand Davids Frau Michal, die Tochter Sauls, am Fenster. Sie fand es unpassend, dass David als König vor dem Herrn hertanzte und hüpfte, und sie verachtete ihn in ihrem Herzen.“*
(2. Samuel 6,16)

Telefon-Nummer Gottes: 5015
„Rufe mich an am Tag der Not; dann rette ich dich, und du wirst mich ehren.“
(Psalm 50,15)

Parteien-Spruch
„Seht, ihr seid nichts, euer Tun ist ein Nichts; einen Gräuel wählt, wer immer euch wählt.“
(Jesaja 41,24)

Wer räumt schon für Kamele auf?
Laban sagte: „Komm, du Gesegneter des Herrn! Warum stehst du hier draußen? Ich habe das Haus aufgeräumt und für die Kamele Platz gemacht.“ (Frage: Wen meint er mit Kamele, seine Mitarbeiter? Muss man für Kamele extra aufräumen und alles schön machen?)
(1. Mose 24,31)

Vom humus zum homo sapiens
„Da nahm Gott Erde, formte daraus den Menschen und blies ihm den Lebenshauch in die Nase.“
(1. Mose 2,7)

Zahnarzt-Psalm
»Ich bin der Herr, dein Gott, der dich herausgeführt hat aus Ägypten.
Tu deinen Mund auf! Ich will ihn füllen.«
Psalm 81 Vers 11

Die „Eintracht" bestellt ihr Haus

In der Vorstandssitzung des Fußballvereins „Eintracht" gehen die Wogen hoch. Wegen des schlechten Tabellenplatzes der Mannschaft will die Mehrheit der Vereinsleitung den Trainer **in die Wüste schicken! (1)**. Dass er zum **Sündenbock (2)** gestempelt wird, überrascht den Mann jedoch so, dass er zunächst einmal **zur Salzsäule erstarrt (3)**. Dann stellt er sich der Kritik. Er könne nicht zu allem, was ihm vorgeworfen werde, **Ja und Amen sagen (4)**. Eine ganze Anzahl der Vertragsspieler sei mehr auf Nebenverdienste konzentriert als auf Training und Leistung im Spiel. Bei diesem **Tanz ums Goldene Kalb (5)** stünden ihm als Mannschaftsbetreuer **die Haare zu Berge (6)**. Der Vorstand macht dem Trainer darauf den Vorwurf, er wolle **seine Hände in Unschuld waschen (7)**. Wenn der Coach sich auf **Herz und Nieren (8)** prüfe, dann müsse er in **Sack und Asche gehen (9)**.

Der Trainer sollte sich doch viel stärker um die einzelnen Spieler kümmern, ja, sie **wie seinen Augapfel hüten (10)**. Der Attackierte lenkt nun ein, weil er merkt, dass Unnachgiebigkeit gegenüber dem Vorstand ein **zweischneidiges Schwert (11)** ist. Er versichert, unverzüglich einen neuen Versuch unternehmen zu wollen, um der Elf wieder inneren Auftrieb zu geben. Er will als Trainer nicht der **Stein des Anstoßes (12)** sein. Auf **Treu und Glauben (13)** gibt nun auch der Vorstand nach.

Am nächsten Tag gibt es ein Gespräch zwischen Spielern und Trainer. „Ich möchte nicht wie bisher **tauben Ohren predigen (14)**", sagt er zu ihnen. „**Mit Brief und Siegel (15)** gebe ich es euch, dass es so weiter bergab gehen wird. Wenn vor allem die Sturmspitzen und der rechte Flügel nicht **Himmel und Erde in**

Bewegung setzen (16), dann bleibt mir nichts anderes übrig, als **die Spreu vom Weizen zu trennen (17)**. Den ständigen Meckerern muss ich ganz klar sagen: ‚**Wer Wind sät, wird Sturm ernten.**'" **(18)** Vor allem die angesprochenen jüngeren Spieler nahmen sich den **Denkzettel (19)** zu Herzen, während einige der bewährten Stammspieler **sich ins Fäustchen lachten (20)**. Es passierte ihnen nie, dass sie **ihr Licht unter den Scheffel setzten (21)**.

Und was den Vorstand des Vereins betraf, zogen es die altgedienten Spieler vor, zu ihrem Trainer zu halten, getreu der Devise: „**Niemand kann zwei Herren dienen.**" **(22)** Im nächsten Punktespiel zeigte sich, dass die Mannschaft **die Zeichen der Zeit (23)** erkannt hatte. Keinem Spieler konnte man den Vorwurf machen, er habe in den beiden Halbzeiten **sein Pfund vergraben (24)**. Auch die Zuschauer **trugen ihr Scherflein bei (25)**, sodass der doppelte Punktgewinn allen in bester Erinnerung blieb.

Der Trainer diente seiner abgekämpften Elf wie **ein barmherziger Samariter (26)**. Nach dem Spiel, in der Kabine, waren sie wieder **ein Herz und eine Seele (27)**. Es war den Spielern also gut bekommen, dass der Trainer **mit Menschen- und mit Engelszungen geredet (28)** hatte. Dem Vorstand fiel es **wie Schuppen von den Augen (29)**, er erkannte **die Wurzel allen Übels (30)**: Man muss in Auseinandersetzungen **seine Zunge im Zaum halten (31)** und darf auf niemand **den ersten Stein werfen (32)**.

Auflösung zur Geschichte von der „Eintracht"

1	in die Wüste schicken	3. Mose 16,6–22
2	Sündenbock	3. Mose 16,6–22
3	zur Salzsäule erstarren	1. Mose 19,26
4	Ja und Amen zu etwas sagen	5. Mose 27,15–26;
5	Tanz um das Goldene Kalb	2. Mose 32,4–6.19
6	die Haare zu Berge stehen	Hiob 4,15
7	seine Hände in Unschuld waschen	Psalm 26,6; Matthäus 27,24
8	auf Herz und Nieren prüfen	Psalm 7,10
9	in Sack und Asche gehen	Ester 4,1
10	wie seinen Augapfel hüten	5. Mose 32,10
11	ein zweischneidiges Schwert	Sprüche 5,4; Hebräer 4,12
12	Stein des Anstoßes	Jesaja 8,14; 1. Petrus 2,8
13	auf Treu und Glauben	2. Könige 12,16
14	tauben Ohren predigen	Jesaja 6,10
15	Brief und Siegel geben	Jeremia 32,44
16	Himmel und Erde in Bewegung setzen	Haggai 2,6
17	die Spreu vom Weizen sondern	Matthäus 3,12
18	Wer Wind sät, wird Sturm ernten.	Hosea 8,7
19	Denkzettel	Maleachi 3,16; Matthäus 23,5

20	ins Fäustchen lachen	Sirach 12,19
21	sein Licht unter den Scheffel setzen	Matthäus 5,15
22	Niemand kann zwei Herren dienen.	Matthäus 6,24
23	die Zeichen der Zeit	Matthäus 16,3
24	sein Pfund vergraben	Matthäus 25,18; Lukas 19,20
25	sein Scherflein beitragen	Markus 12,42
26	barmherziger Samariter	Lukas 10,30–35
27	ein Herz und eine Seele	Apostelgeschichte 4,32
28	mit Menschen- und mit Engelszungen reden	1. Korinther 13,1
29	wie Schuppen von den Augen fallen	Apostelgeschichte 9,18
30	die Wurzel allen Übels	1. Timotheus 6,10
31	seine Zunge im Zaum halten	Jakobus 1,26
32	den ersten Stein auf jemanden werfen	Johannes 8,7

Frage: Wer war der erste Torwart der Menschheit?
Antwort: Noah – Gott sprach: „Geh du in den Kasten, ich mache den Sturm!"

OH, NICHT SCHLECHT!

Na gut, ich will ehrlich zu dir sein: Also, ich glaube kein Stück von dem Kram, den du da gerade erzählt hast. Aber das ist doch wohl o.k., ich lasse deine Meinung stehen. Ich bin ein fairer Mensch. Siehst du das Wasser dort drüben in den großen Behältern? Verwandele es doch mal in Wein, dann bin ich gern bereit, noch mal über dich nachzudenken.

OH!!! Nicht schlecht!

He, gut! Nicht schlecht! Ich bin beeindruckt. Ist schon gut, was ich gerade sagte, sollte ja auch nicht so hart klingen. Natürlich, ihr habt den Schwindel gut vorbereitet, nehme ich an. Einer deiner hilfsbereiten Assistenten hat an der Sache gedreht. Echt nicht schlecht, das hat gut geklappt! Aber soll ich wegen so einem lächerlichen Trick an dich glauben? Um mich zu überzeugen, musst du natürlich schon was machen, wo nicht rumgeschwindelt und manipuliert werden kann. Ich lass mich doch nicht für dumm verkaufen!

Da fällt mir etwas ein. Ich kenne da eine, die liegt schon seit längerer Zeit im Krankenhaus. Die könnte so einen wie dich schon gebrauchen. Wenn du wirklich so …
Was …? – Losgehen …? Jetzt sofort …? - O.K. Na gut, wenn du meinst, aber du bist zu nichts verpflichtet …
Nächste Tür … Ja, hier. Das ist sie … und das hat sie schon jahrelang!
He, du, was hast du ihr denn da gerade gesagt?
Halt, halt, gute Frau!
Was machen Sie? Wollen Sie etwa … Sie können doch nicht so einfach … Ihre Beine, denken Sie doch an Ihre Beine!

OH!!! Nicht schlecht!

Mann, du bist ja wirklich spitze. Das ist doch bestimmt ausbaufähig. Ich habe da Kontakte zu den Medien, zum Fernsehen zum Beispiel. Ich glaube, die wären an dir brennend interessiert. Ich könnte da leicht etwas für dich tun!
Was? Ich – an dich glauben? Ach hör doch auf, nach den paar Tricks? Ich geb's ja zu, die Tricks waren wirklich nicht schlecht, aber deshalb muss ich dir doch nicht gleich nachfolgen?
He, wo willst du hin?
Gut, gut, dann geh ruhig, aber beschwer dich nicht und behaupte, ich hätte dir nicht helfen wollen. Ich habe alles versucht!
Aber, hallo, hey du! Du kannst doch nicht diesen Weg gehen! Pass auf! Achtung! Da ist der See, komm zurück! Das Wasser, du gehst unter …!

OH!!! Nicht schlecht!

Also ich versuche ja wirklich, objektiv zu sein! Als fairer Mensch kann ich nun wirklich nicht bestreiten, was ich da eben gesehen habe. Ich muss wohl tatsächlich nach alldem eine fundierte Entscheidung treffen. Alle Fakten in Erwägung ziehen. Vor der Realität kann ich nicht weglaufen. Ja, ich entscheide mich: Morgen gehe ich zum Augenarzt! Ich sehe wohl nicht mehr richtig!

10 Gebote für Autofahrer

1. Ich bin der Herr aller Menschen – Dein Gott, und dulde es nicht, wenn Du Deinen Wagen vergötzt, denn der Mensch soll das Auto beherrschen und nicht das Auto ihn.
2. Du sollst den Namen Deines Gottes nicht ersetzen mit Mercedes, Audi, Smart, VW, denn der Herr wird den nicht ungestraft lassen, der seinen Namen austauscht.
3. Du sollst Deine PS-Kräfte angemessen einsetzen und sie nicht in wilder Raserei vergeuden, denn es ist besser, ein ganzes Leben zu behalten, als 50 Sekunden zu gewinnen.
4. Du sollst so fair fahren, als seien alle Verkehrsteilnehmer Deine Brüder und Schwestern, denn dann würde der Straßenverkehr menschlich.
5. Du sollst mit Deinem Wagen keinen Menschen töten, sondern ihm helfen in allen Situationen der Not und Angst.
6. Du sollst die Verkehrsregeln nicht brechen, denn sie wollen Dich und Deinen Nächsten schützen.
7. Du sollst dem anderen die Vorfahrt nicht nehmen, denn wenn Du sie achtest, lebst Du länger.
8. Du sollst nicht in Wut geraten, wenn ein anderer einen Fehler begeht, sondern ihm vergeben und alles zum Besten kehren.
9. Du sollst nicht begehren Deines Nächsten Fahrzeug, sondern das Auto fahren, das Deinen Bedürfnissen entspricht.
10. Du sollst nicht erzwingen die Vorfahrt, den Parkplatz, die Fahrbahn Deines Nächsten, sondern Dich mit ihm durch ein freundliches Handzeichen einigen.

JÖRG5

Kommt mir irgendwie bekannt vor ...

Eine etwas andere Weihnachtsgeschichte ...

Und die Leute waren innerlich hungrig nach einer Orientierung, nach einem Vorbild, nach einem persönlichen Führer, nach einem König. Und Gott fragte: „Was habt ihr, oder besser, wen habt ihr?" Und sie schauten nach in der Krippe und antworteten: „Nur ein Kind, ein Säugling, aber wie soll der Orientierung sein für die vielen, die sich innigst sehnen nach einem, der die Richtung angibt, der Halt gibt in guten wie in schlechten Tagen?"
Dann nahm Gott den Säugling Jesus, segnete ihn und gab ihn den Menschen zurück. Und siehe da, es wurden alle satt, es bekamen alle Antwort und Orientierung, und Liebe und Barmherzigkeit. Sogar mehr als sie verstanden und vielleicht auch verkraften konnten.

(Ein Mix aus der Weihnachtsgeschichte und dem Bericht über die Speisung der 5000)

Er hatte getan, was er konnte, um seinem Schaufenster adventlichen Glanz zu verleihen. Es fehlte weder an Tannengrün noch an Kerzen; auch silberne Glöckchen und sonstiger Flitter waren vorhanden. Er hatte aber noch mehr getan. Mitten in die Dekoration legte er eine offene Bibel. Auf der aufgeschlagenen Seite war eine Stelle rot unterstrichen. So konnte nun jedermann lesen: „Also hat Gott die Welt geliebt, dass er seinen eingeborenen Sohn gab, auf dass alle, die an ihn glauben, nicht verloren werden, sondern das ewige Leben haben." Zwei Damen, die an dem Schaufenster vorübergingen, warfen einen Blick hinein. Da entdeckten sie natürlich auch die Bibel und den Bibelvers. Sagte die eine zur anderen: „Schrecklich, die ziehen doch heutzutage überall die Bibel mit hinein! Jetzt wahrhaftig auch noch beim Weihnachtsfest!"

Test

Test the Best

Testament the Best

Test(amen**)t the Best**

Du hast mir gerade noch gefehlt!

sagt Jesus Christus (Lukas 15)

Kommt mir irgendwie bekannt vor ...

Noch eine etwas andere Weihnachtsgeschichte ...

Kam der Oberförster in den Wald und sah, dass seine Ameisen auf Wanderschaft zu einem großen Gebirgsbach waren. Er hatte Angst um sie, dass sie in den Tod liefen, schließlich waren sie für die Ökologie des Waldes unabdingbar. So stellte er der ersten Ameise seinen Fuß in den Weg, um sie zu „bremsen". Doch die Ameise wusste damit nichts anzufangen und lief darüber weg. Für sie war „Fuß" etwas Unbekanntes und in der Größe auch etwas Bedrohliches, schließlich waren ihre Gehwerkzeuge ganz anderer Art und viel überschaubarer. Der Oberförster geriet in Panik und merkte, dass die Ameisen nicht verstanden, was er bezwecken wollte. Er legte einen großen Stein auf den Weg, um ihn weiter abzusperren. Doch auch der Stein hinderte die Ameisen nicht daran, ihren Weg zum Bach fortzusetzen (sie wussten ja noch nicht, dass sie auf den Tod zuliefen ...). Sie wunderten sich nur, dass es plötzlich kalt unter ihren Füßen wurde, bedingt durch den großen Stein, und sie einen „Umweg" laufen mussten.

Da sah der Oberförster keinen anderen Ausweg mehr, um seine Ameisen vor dem Ertrinken zu retten, als selbst Ameise zu werden. Sofort sprach er die erste Ameise an: „Stopp, bleib stehen! Ich bin der Oberförster und habe die Übersicht. Wenn ihr hier weiterlauft, lauft ihr direkt in den Bach und somit in den sicheren Tod."
„Ha, ha", lachten da einige Ameisen. „Du bist eine Ameise wie wir und nicht der Oberförster, das ist doch nun ganz eindeutig zu sehen." – „Doch, ihr müsst mir glauben, ich will doch nur

euer Bestes." – „Du spinnst ja!", sagten da die Ameisen. „Nein, ich will euer Leben retten und euch den richtigen Weg zeigen! Habt ihr nicht gemerkt, dass ich euch meinen Fuß vorgesetzt habe und euch einen Stein in den Weg gelegt habe?!" – „Du behinderst uns, legst uns Steine in den Weg, stellst uns deinen Fuß in den Weg und willst uns retten und helfen? Sag mal, du verkaufst uns ja ‚schwarz' für ‚weiß' und nur weil wir Ameisen sind, fallen wir noch lange nicht darauf rein."
„Doch, ihr müsst mir glauben. Ich bin zwar eine Ameise, aber eigentlich bin ich der Oberförster. Ich habe ja keine andere Wahl gehabt, als Ameise zu werden, weil ihr mich auf keine andere Art verstehen könnt. Wenn ihr mir folgt, führe ich euch in Sicherheit, ihr müsst nur einfach hinter mir hergehen." Einige der Ameisen glaubten ihm und gingen ihm hinterher, aber nicht unwesentlich wenige ignorierten die Ameise, die ja eigentlich ein Oberförster war, und sie liefen in den sicheren Tod.

Gott wurde Mensch. Gott hatte keine andere Wahl, mit uns zu kommunizieren. Von Mensch zu Mensch, auf gleicher Ebene. Er kam, um uns vor dem Tod zu bewahren. Wurde klein, um uns zu retten. Alle scheinbaren „Behinderungen" Gottes (nachzulesen im Alten Testament) hatten nicht das Ziel, uns zu ärgern, zu stören und zu behindern, auch wenn sie vordergründig so aussahen und wirkten. Sie hatten das Ziel, uns wach zu machen für die Realität, uns zu retten vor dem Tod.

Sherlock Holmes und Dr. Watson fuhren zum Zelten. Nach einem guten Abendessen und einer guten Flasche Wein legten sie sich schlafen. Einige Stunden später wachte Holmes auf und rüttelte seinen treuen Freund. „Watson, schau mal zum Himmel und sag mir, was du siehst.“ Watson antwortete: „Ich sehe Millionen und Abermillionen von Sternen.“ „Und was sagt dir das?“ Watson überlegte eine Weile. „Astronomisch gesehen sagt es mir, dass es Millionen von Sternen und vielleicht Billionen von Planeten gibt. Astrologisch betrachtet sehe ich, dass der Saturn im Sternbild des Löwen steht. Horologisch gesehen kann ich erschließen, dass es jetzt ungefähr viertel nach drei Uhr sein muss. Theologisch betrachtet kann ich erkennen, dass Gott allmächtig ist und wir winzig sind und unbedeutend. Meteorologisch erkenne ich, dass wir morgen einen wunderschönen Tag haben werden. Und was sagt es dir?“ Holmes war eine Minute still und sagte dann: „Watson, du Idiot, irgendein Gauner hat uns das Zelt gestohlen!“

Gott erscheint Putin, George Bush und Bill Gates im Traum und verkündet ihnen, dass in zwei Tagen die Welt untergeht. Am nächsten Tag halten alle eine Ansprache. Bush: „Liebe Amerikaner! Ich habe eine gute und eine schlechte Nachricht für euch. Die gute ist, wir hatten Recht, es gibt Gott. Die schlechte ist, er will morgen die Welt untergehen lassen.“ Putin: „Genossen, ich habe eine schlechte und eine schlechtere Nachricht für euch. Die schlechte ist, die Kapitalisten hatten Recht, es gibt Gott. Die schlechtere ist, er will morgen die Welt untergehen lassen.“ Bill Gates: „Liebe Microsoft-Mitarbeiter. Ich habe eine gute und eine noch bessere

Nachricht für euch: Die gute ist, wir hatten Recht, es gibt Gott. Die bessere ist: Wir müssen Windows nicht mehr updaten."

Fragt Josua Mose: „Ey, du alter Gauner, das Meer ist ja weg, wie hast du denn das angestellt?" – „Och, ich hab einfach 'ne Meerwegflasche ins Wasser geworfen!"

„Woher hast du das blaue Auge?" – „Ach, als wir gestern bei Tisch ‚... und erlöse uns von dem Übel!' gebetet haben, hab ich zufällig meine Schwiegermutter angeguckt ..."

Kommt ein erfolgreicher Christ zur Seelsorge. „Nun, früher hatte ich keine Schwierigkeiten mit dem Zehnten, da hab ich so meine 10.000 Euro im Jahr geben können, kein Thema. Aber jetzt – soll ich ernsthaft 50.000 Euro im Jahr nur für die Kirche geben??! Können Sie mir helfen und vielleicht ein gutes Wort einlegen, schließlich, damals haben die Leute ja auch nicht so viel verdient!" – Der Seelsorger bleibt ruhig: „Sollen wir dafür beten?" – „Ja!" – Da betet der Seelsorger: „Herr, du siehst die Not meines Bruders und wie viel ihm daran liegt, deinen Willen zu tun. Bitte mach doch, dass er wieder so wenig verdient, dass er wieder problemlos den Zehnten geben kann!"

Ein Hippie in Amsterdam

Ein Hippie sitzt in Amsterdam auf dem Bürgersteig mit einer Bibel auf dem Schoß. Dies allein ist schon auffällig.

Der geneigte Leser wird sicher noch mehr staunen, wenn er erfährt, dass der Hippie in dieser Bibel mit größter Aufmerksamkeit liest. Ein so richtig ungewöhnliches Bild ergibt sich aber erst dadurch, dass jener Hippie von Zeit zu Zeit lauthals Sachen ausruft wie: „Halleluja", „Gott ist groß" und „Preist den Herrn!"

Über diese ungewohnte Szene staunt dann auch ein junger, dynamischer Theologe, der zu eben dieser Zeit zu einem Kongress historisch-kritischer Bibelauslegung in Amsterdam weilt. Natürlich kennt dieser junge Menschenfreund alle sektiererischen Richtungen ekstatischen Christentums und denkt sich, dass er doch diese Gelegenheit beim Schopf packen sollte, der Verwirrung Einhalt zu gebieten.

Und so hockt er sich milde zu jenem Hippie und befragt ihn, was denn Grund seiner freudigen Ausbrüche sei.

„Ja", sagt der Hippie, „ich lese gerade in der Bibel." Da dies für unseren Jung-Bibelprofi gerade kein Grund für solchen Überschwang ist, bemüht er sich redlich, sanft dem tieferen Grund nachzuspüren. Und so erfährt er nach einigen „Halleluja" und „Gott ist gut", dass der Hippie gerade über Mose liest: „Gott tut ein Wunder nach dem anderen. Da hat dieser herrliche Gott das Rote Meer geteilt und das ganze israelische Volk konnte sicher hindurch auf der Flucht vor den Ägyptern."

Nun wäre unser Theologe kein Freund der Menschen, wenn er nicht auch diesem verwirrten Hippie auf den rechten Weg hel-

Hilfe! Ich ertrinke!
Blubb!
7 cm
JÖRG5

fen könnte. Denn Wunder kann man natürlich heute erklären. Und so zitiert er Quelle um Quelle wissenschaftlicher Arbeiten und beweist dem Hippie wortgewandt, dass alle Wissenschaft zeigt, dass das Rote Meer damals nicht mehr als eine sieben cm tiefe Pfütze war. Und der Hippie ist tatsächlich heilsam berührt. Kein Halleluja kommt mehr über seinen Mund, mit langem Gesicht dankt er seinem Wohltäter und starrt leer auf seine Bibel. Unser Theologe dagegen setzt beschwingt seinen Weg fort.

Doch diesmal kommt er nicht weit. Kaum langt er an der nächsten Ecke an, da hört er von hinten den Hippie wieder, lauter und überschwänglicher als zuvor klingt sein „Halleluja" durch die Straße.
Über so viel Unverstand gerät unser Theologe verständlicherweise in Rage, stürmt zurück und fährt den Hippie an, was denn nun schon wieder Grund seiner Lautäußerungen sei. Wieder dauert es ein paar „Halleluja", diesmal sogar mehr als beim letzten Mal, bis der Theologe erfährt, dass der Hippie weitergelesen hat. Bis hierhin kann der Theologe folgen, jedoch ergibt es für ihn noch wenig Sinn. Dann aber erfährt er die Einzelheiten, und auch wenn uns seine Reaktion nicht überliefert ist, mag der Leser getrost annehmen, dass es ihn deutlich angeschlagen hat: „Gott hat ein noch viel größeres Wunder getan: Er hat das gesamte ägyptische Kriegsheer in einer sieben cm tiefen Pfütze ertrinken lassen …"

Ja-Nein-Stuhl

ab 8 Personen
ab 8 Jahren
ca. 5 bis 15 Minuten

Charakter des Spiels: spannend, interessant, kniffelig, hektisch-wild, starker Wettbewerb, etwas Bibelkenntnis ist nötig
Material: 2 Stühle

Zwei gleich starke Gruppen sitzen sich auf Stühlen gegenüber. Jeder bekommt eine Nummer. Die beiden Einser sitzen sich gegenüber, die Zweier, die Dreier usw. An dem einen Ende der beiden Gruppen steht ein Stuhl, hier wird ein dunkles T-Shirt, eine Jacke oder ein Pullover drübergelegt. Dieser Stuhl heißt „Nein“ (als Eselsbrücke hilft die dunkle Bekleidung). Am anderen Ende der beiden Stuhlreihen steht ein weiterer Stuhl, dem ein helles Kleidungsstück umgehängt wird, dieser Stuhl heißt „Ja“. Jetzt stellt der Spielleiter die Frage: „Kommt in der Bibel ein Esel vor?“, und sofort nennt er eine Zahl, z.B. „3“. Jetzt laufen beide 3er auf den richtigen Stuhl, z.B. beim Esel auf den „Ja-Stuhl“. Wer zuerst auf dem richtigen Stuhl sitzt, dessen Gruppe hat den ersten Punkt. Jetzt kommt die nächste Frage und eine andere „Spiel-Nummer“.

Ja	Nein
Adler	Kreuzotter
Affe	Glühwürmchen
Ameise	Fasan
Bär	Laus
Bienen	Nashorn
Blutegel (Sprüche 30,15)	Elefant
Bock	Wisent
Büffel	Schimpanse
Eidechse	Habicht
Esel	Thunfisch
Eule	Pinguin
Fisch	Känguruh
Fledermaus	Wüstenspringmaus
Fliege	Wespe
Floh	Zecke
Frosch	Kampfhund
Fuchs	Holzwurm
Gämse	Hornisse
Gaul	Katze
Geflügel	Elster
Geier	Goldfisch
Gewürm	Forelle
Glucke	Giraffe
Hahn	Schildkröte
Henne	Dackel
Heuschrecken	Tapir

Ja	Nein
Hirsch	Hase
Hund	Nachtigall
Kamel	Delphin
Klippdachs	Schmetterling
Küken	Pudel
Kuh	Wolf
Lamm	Eisbär
Löwe	Biber
Maus	Gorilla
Maultier	Leopard
Motte	Kojote
Mücke	Robbe
Ochse	Waschbär
Pferd	Tintenfisch
Rabe	Kuckuck
Reh	Schwan
Rind	Hamster
Schaf	Schimpanse
Schlange	Wal
Schwein	Ratten
Skorpion	Pelikan
Spatz	Kakerlake
Taube	Frettchen

Entschlüsseln

ab 4 Personen
ab 8 Jahren
ab 5 Minuten

Charakter des Spiels: kniffelig, Wettbewerb, etwas Bibelkenntnis ist nötig
Material: vorbereitete Zettel

Alte biblische Schriftrollen, die man in Berghöhlen fand, mussten entschlüsselt werden. Da musste so manche harte Nuss geknackt werden. Auch bei unserem Spiel heute kommt es darauf an, biblische Begriffe herauszubekommen.

Spielvariante a)

Jeder bekommt die falsch geschriebenen Begriffe (siehe unten) auf einem Zettel und muss versuchen, innerhalb einer bestimmten Zeit so viele Begriffe wie möglich richtig aufzuschreiben.

Spielvariante b)

Die falschen Begriffe werden auf Zettel geschrieben. Jeweils ein Zettel wird hochgehalten. Alle können den Namen lesen. Wer hat als Erster den richtigen Begriff laut genannt?

Leibb (Bibel) – Togt (Gott) – Seujs (Jesus) – Ehndblaam (Abendmahl) – Semo (Mose) – Leihmm (Himmel) – Saudj (Judas) – Meljaseur (Jerusalem) – Eiland (Daniel) – Hoppert (Prophet) – Raseli (Israel) – Uase (Esau) – Feuta (Taufe) – Telasop (Apostel) – Eidemeng (Gemeinde) – Bioh (Hiob) – Lelöh (Hölle) – Lenge (Engel). Bei allen Begriffen wurden lediglich die Buchstaben vertauscht. Vielleicht fallen dir ja noch ganz andere Kombinationen ein!

Ein jeder trage die Last des anderen

ab 10 Personen
ab 8 Jahren
ca. 5 bis 10 Minuten

Charakter des Spiels: interessant, spannend, etwas kniffelig, kein Wettbewerb, Bibelkenntnis ist nicht nötig
Material: –

Alle stehen im Kreis, fassen sich an den Händen, lassen los, drehen sich nach rechts herum, sodass jeder den Rücken des anderen vor sich sieht. Nun geht jeder langsam und gleichmäßig seitlich in Richtung Mitte, so lange, bis jeder ganz nah („hautnah“) hinter dem anderen steht. Jetzt fasst jeder den Vordermann an die Schulter und jeder geht gaaaaanz(!) vorsichtig in die Hocke. Wenn das klappt, sitzt plötzlich jeder dem Hintermann auf dem Schoß, ohne dass ihr umfallt. Wichtig dabei ist allerdings, dass sich keiner nach hinten fallen lässt, sondern dass jeder in der Grundhaltung „Hocke“ bleibt. Also nicht nach hinten lehnen!!! Weiterhin wichtig ist, dass keine Personen mit zu unterschiedlichen Körpergrößen mitmachen. Also nicht kleine Kinder mit großen Mannskerlen zusammen. Entweder nur Kleine oder nur Erwachsene und Jugendliche. Versucht zu verhindern umzufallen, weil es schon etwas wehtun kann, wenn alle rückwärts auf dich fallen.

Wer ist der Größte unter euch?

ab 2 Personen
ab 8 Jahren
ca. 5 bis 10 Minuten

Charakter des Spiels: interessant, spannend, etwas verrückt, starke Konzentration nötig, kniffelig, starker Wettbewerb, Bibelkenntnis ist nicht nötig
Material: –

Bei diesem Spiel ist nicht so sehr Kraft, sondern vielmehr Köpfchen gefragt. Ein Paar stellt sich in einem halben Meter Abstand gegenüber. Aufgabe ist es, den anderen Spieler wegzudrücken oder ihn dazu zu verleiten, „auf dich zu fallen“. Es ist nicht erlaubt, die Hände des anderen zu ergreifen, man darf nur mit der glatten Handfläche die glatte Handfläche des anderen wegdrücken. Man darf allerdings auch blitzschnell seine Hände wegziehen oder den Gegendruck plötzlich verringern, während der andere drückt, und so evtl. auf die andere Person „fällt“. Derjenige scheidet aus, der als Erster seine Füße bewegt oder eine andere Stelle als die glatte Handfläche des anderen berührt (auf die Gegenperson fällt).
Es klingt vielleicht etwas kompliziert, wird aber für viele Leute schnell ein Lieblingsspiel. Ein Spiel, bei dem mindestens so viel Kopf wie Kraft verlangt wird. Pfiffige jüngere oder kleinere Spieler kann man ruhig auch mal gegen einen Größeren antreten lassen. Oft schaffen es die Kleinen, wenn sie schlau sind, dass ihr größerer Partner auf sie fällt und damit ausscheidet.

Satz mit 5 Bs

ab 2 Personen
ab 8 Jahren
ab 5 Minuten

Charakter des Spiels: spannend, kniffelig, starker Wettbewerb, Bibelkenntnis ist nicht nötig
Material: -

Der Spielleiter gibt der Gesamtgruppe einen Anfangsbuchstaben bekannt. Damit soll jedes Wort beginnen. Der Satz soll aus mindestens vier Wörtern bestehen (mehr Wörter sind erlaubt, aber nicht weniger). Der Erste, der laut einen vollständigen, einigermaßen sinnvollen Satz nennt (vorher im Kopf zusammenbasteln), bekommt den ersten Punkt. Dann kommt der nächste Buchstabe dran. Der Satz sollte weitestgehend mit Glaube, Gott, Kirche oder Religion zu tun haben.

Hier ein paar Beispiele:

Himmlische Heerscharen haben heute Hunger.

Pfarrer Pruding putzt Potsdamer Pfarrämter.

Katholische Kirchenmitglieder kriegen keine kleinen Kinder.

Ein evangelischer Einsiedler entdeckte einmal einen englischen Esel.

Maria Magdalena macht Mittag.

Ganz Griechenland gehört Gott.

Jünger Jesu jauchzen jetzt.

Kölner Kirchenmitglieder kauen Knäckebrot.

Was weint Waldemar wieder wegen Weihnachten.

Koreanische Kirchen können keine katholischen Kirchenmitglieder klonen.

Beim Bibellesen bleibt Benjamin Bester.

Wein wirkt wahre Wunder.

Fromme Fischer fangen freitags Folien-Fisch.

Kain kreiert königliche Karpfen.

usw.

Gott ist der Schöpfer	– wir die Erschöpften
Er ist der Herr	– und nennt uns herrlich
Er ist A & O	– und wir leben nach 08/15
Wir sollen ihn preisen	– aber laufen immer den Preisen nach, die uns am billigsten angeboten wurde.

Verrückte Bibelstellen!

Soll es Bier regnen???
„Soll ich etwa den Mantel nach dem Wind hängen, soll ich lügen, dass sich die Balken biegen, soll ich prophezeien, dass es Bier und Wein in Strömen regnet?“
(Micha 2,11)

Verkehrte Welt
„Der eine spielt den Reichen und ist bettelarm, der andere spielt den Armen und ist steinreich.“ (Sprüche 13,7)
Ich dachte, das ist typisch für unsere Zeit, dass es Leute gibt, die vor ihrem Haus einen fetten Mercedes parken, dick in Urlaub fahren, immer den neusten Fummel anhaben, aber das Konto ist hilflos überzogen, die Person total überschuldet. Und dann gibt es immer wieder Leute, die wohnen in einer kleinen Mietwohnung, kaufen bei Aldi ein, fahren nie in Urlaub und wenn sie sterben, sind Millionen von Euro auf ihren Konten zu finden. Gar nicht so neu das Phänomen, wird schon in der Bibel beschrieben.

Gott, Erfinder der Spaßkultur, nicht Harald Kerpeling!
„Freu dich, junger Mensch! Sei glücklich, solange du noch jung bist. Tu, was dir Spaß macht, wozu deine Augen dich locken. Aber vergiss nicht, dass Gott für alles von dir Rechenschaft fordern wird. Halte dir den Ärger von der Seele und die Krankheit vom Leib. Jugend und dunkles Haar vergehen schnell.“
(Prediger 11,9-10)

Der Schwimmer in der Mistpfütze
„Denn die Hand des HERRN wird auf diesem Berg ruhen. Aber Moab wird unter ihm zertreten werden, wie man Stroh zertritt in einer Mistlache. Und breitet er seine Hände darin aus, wie der Schwimmer sie ausbreitet, um zu schwimmen, dann wird er seinen Hochmut erniedrigen trotz der geschickten Bewegungen seiner Hände."
(Jesaja 25,10+11)

Fischers Fritz fischt frische Fische –
steht natürlich nicht in der Bibel, aber dafür:
„Da sagte ich: Ich vergehe, ich vergehe, wehe mir! Räuber rauben, und räuberisch raubend rauben sie."
(Jesaja 24,16)

... auch das kann man in der Bibel finden:
Jesaja 24,17 „Grauen und Grube und Garn über dich, Bewohner der Erde!"
Jesaja 52,10 – Wenn Gott seine Ärmel hochkrempelt, befreit er zu einem neuen Lebensstil.

Nix Börse & Kapital!
„Müh dich nicht ab, um Reichtum zu erwerben und dabei deine Einsicht aufzugeben. Flüchtig ist er; schaust du nach ihm, ist er weg; plötzlich macht er sich Flügel und fliegt wie ein Adler zum Himmel."
(Sprüche 23,5)
„Wer auf seinen Reichtum vertraut, der fällt, die Gerechten aber sprossen wie grünes Laub."
(Sprüche 11,28)

Hartes Urteil über Kunden von 1-Euro-Läden
„Wer sein Feld bestellt, wird satt von Brot, wer nichtigen Dingen nachjagt, ist ohne Verstand.“
(Sprüche 12,11)

Geil – kein Modewort, sondern schon uralt!
„Weshalb sollte ich dir vergeben? Deine Söhne haben mich verlassen und bei Nichtgöttern geschworen. Ich machte sie satt, doch sie trieben Ehebruch und waren zu Gast im Dirnenhaus. Hengste sind sie geworden, feist und geil, jeder wiehert nach der Frau seines Nächsten.“ (Jeremia 5, 7+8)
Das Wort „geil“ kommt auch in alten Luther-Bibeln vor: *Römer 13,14*

Ein Model ohne Benehmen ist wie eine Wildsau – ganz schön krass!
„Ein goldener Ring im Rüssel einer Wildsau? So ist eine schöne Frau ohne Benehmen!“
(Sprüche 11,22)

Genau!!!
„Aufrichtige werden von ihrer Redlichkeit geleitet; Hinterhältige von ihrer Falschheit umgebracht.“
(Sprüche 11,3)

Gott sieht alles, außer Dallas
„Eine Leuchte des HERRN ist des Menschen Geist; er durchforscht alle Kammern des Innern.“
(Sprüche 20,27)

Kommt mir irgendwie bekannt vor ...

Und es begab sich zu einer Zeit, da die Erde ein Paradies war. Der Ursprung allen Lebens hatte sich entschieden, Geschöpfe zu erschaffen, die ihm gleichen sollten. Er investierte viel Liebe, denn er wollte Freunde haben, mit denen er in Einklang leben konnte. Alles war ihm wunderbar gelungen und seine Geschöpfe lebten in völligem Frieden und in Harmonie miteinander. Neid, Eifersucht, Gewalt, Hass – all das waren Fremdworte in jener Zeit.

Der Ursprung allen Todes aber beschloss, die Geschöpfe zu vergiften, damit das wunderbare Werk, das der Ursprung allen Lebens erschaffen hatte, zerstört wurde.

Er ging dabei sehr raffiniert vor, damit die Geschöpfe es nicht merkten, dass er ihnen Böses wollte. Und sie fielen darauf herein. Das Gift verursachte eine gewisse Schläfrigkeit in ihnen. Sie waren nun nicht mehr so sehr darauf bedacht, ihrem Schöpfer zu gefallen. Nun kam es zu Spannungen zwischen den Geschöpfen.

Plötzlich gab es Unfrieden, Streit und Eifersucht. Das Gift wirkte in ihren Körpern und lähmte ihre Fähigkeit zu lieben. Alle Geschöpfe fielen in einen schlafähnlichen Zustand.

Dem Ursprung allen Lebens taten seine Geschöpfe Leid. Er liebte sie. Und es tat ihm weh, als er sah, wie sie sich verletzten und in immer tiefere Lethargie und Müdigkeit verfielen. Er sandte seinen Stellvertreter zu ihnen, der die Aufgabe hatte, sie zu wecken, wenn die Müdigkeit über sie kam. Mit seiner Hilfe konnten sie gegen das Gift ankämpfen.

Es war oft nicht leicht, zu erkennen, wann das Gift wieder wirkte. Leise und unmerklich begann es sich auszubreiten, meist dann, wenn die Geschöpfe dachten, nun sei alles wieder in Ordnung. Es lähmte sie und machte es ihnen schwer, sich zu entscheiden. Sie ließen sich treiben und merkten oft nicht, wie weit das Gift sie wieder im Griff hatte.
Nur die, die sich immer wieder an den Stellvertreter hielten, hatten die Möglichkeit, wieder wach zu werden, und konnten wieder jene Harmonie und Frieden finden, den es sonst einfach nicht mehr gab.

Das Original findest du im Alten und Neuen Testament (1. Mose; Apostelgeschichte 2 u.a.)

Wusstest du ...

> dass die meisten Gerichtsworte im Neuen Testament zu finden sind, obwohl viele mit dem Neuen Testament ausschließlich Gnade und Trost verbinden?

> dass die meisten Trostworte aus dem Alten Testament stammen, obwohl viele mit dem Alten Testament vorwiegend Gesetz und Gericht verbinden?

Kommt mir irgendwie bekannt vor ...

Da trat einer zu ihm und fragte: „Chef, was muss ich tun in diesem Verkehrsgewusel, dass ich gesund ans Ziel komme?"
ER aber antwortete ihm: „Was heißt hier Verkehrsgewusel, wenn du gesund ans Ziel kommen willst, dann halte die Verkehrsregeln ein."

Da fragte der Mann: „Welche Verkehrsregeln?"
ER aber sagte: „Bei Rot an der Ampel halten, rechts hat Vorfahrt, Fußgängern am Zebrastreifen den Überweg ermöglichen usw."

Da antwortete ihm der Mann: „Das habe ich alles bisher gehalten, von meiner Schülerlotsenzeit an, was muss ich noch tun?"

ER sprach: „Wenn es dir ums Ganze geht, dann poch nicht auf deine Vorfahrt, sondern sei großzügig, gerade mit alten Menschen oder mit Kindern oder auch mit Leuten, die zickig und komisch sind. Lass sie vor, auch wenn du im Recht wärst – so wirst du unbeschadet vor Stress, Ärger und Unfällen ans Ziel kommen."

Als der junge Mann das hörte, ging er traurig weg, denn er legte großen Wert darauf, Recht zu bekommen oder zu behalten, und wollte nicht auf sein Recht verzichten.

Das Original findest du im Neuen Testament:
Markus 10,17-22.

„Hupe, wenn du Jesus liebst“

Letztens ging ich an einem Buchladen mit religiösen Büchern vorbei, als ich einen Stoßstangenaufkleber mit dem Text: „Hupe, wenn du Jesus liebst“ sah.

Ich war gut aufgelegt, weil ich gerade von einer gelungenen Kirchenchoraufführung kam, und kaufte mir einen Sticker und klebte ihn auf meinen Wagen. Mann, bin ich froh, dass ich das gemacht habe! Die nachfolgende Begebenheit gehört zum Erhebendsten, was mir je widerfahren ist.

Ich musste an einer roten Ampel stehen bleiben und während ich gerade über den Herrn und seine Güte sinnierte, wurde die Ampel grün, ohne dass ich es merkte.

Da war es gut, dass auch jemand anderes Jesus liebte, denn hätte er nicht gehupt, wäre mir das wohl nie aufgefallen. Mir fiel auf, dass viele Menschen Jesus liebten!
Während ich so dastand, fing der Typ hinter mir wie wild zu hupen an, und er lehnte sich aus dem Fenster und schrie: „Bei Gott, vorwärts! Vorwärts!“ Wie überschwänglich dieser Mann Jesus doch liebte!

Alle fingen an zu hupen und ich lehnte mich ebenso aus dem Fenster und winkte und lächelte diesen vielen Gläubigen zu. Ich hupte sogar mehrmals, um an ihrer Liebe teilzuhaben. Ich sah einen anderen Mann, der mir mit dem ausgestreckten Mittelfinger zuwinkte.

Ich fragte meinen Sohn auf dem Rücksitz, was denn das zu bedeuten habe, und er meinte, es wäre wahrscheinlich ein sibirischer Glücksgruß oder so. Nun, ich habe noch nie jemanden aus Sibirien getroffen, also gab ich ihm den Gruß zurück. Mein Sohn brach in Gelächter aus, offensichtlich genoss auch er diese religiöse Erfahrung. Einige Leute waren so gefangen in der Freude des Augenblicks, dass sie aus ihren Wagen stiegen und zu mir kamen. Ich wette, sie wollten wissen, welche Kirche ich besuche, oder sie wollten einfach nur mit mir beten. ... aber da bemerkte ich die grüne Ampel. Ich winkte also noch einmal lächelnd meinen Brüdern und Schwestern zu und fuhr los.

Mir fiel noch auf, dass ich der einzige Wagen war, der es über die Kreuzung schaffte, bevor es wieder Rot wurde. Ich war ein wenig traurig, dass ich diese Leute nach all der Gottesliebe, die wir miteinander genossen hatten, verlassen musste.

Also wurde ich langsamer, lehnte mich nochmals aus dem Wagen und winkte ihnen ein letztes Mal den sibirischen Glücksgruß zu, während ich davonfuhr!

Lobe den Herren für solch wunderbare Menschen!

Der frühere Partei-Chef der Sowjetunion Breschnew kam am Himmelfahrtstag zum Staatsbesuch nach Bonn. Nach entsprechenden Rückfragen übersetzte sein Dolmetscher – mangels Kenntnis christlicher Tradition – frei und falsch, aber durchaus sowjetologisch HIMMELFAHRT mit „Tag der Luftwaffe".

Mein lieber Pharisäer

Heute muss ich dir leider eine alte Rechnung präsentieren, die jetzt folgendermaßen aussieht:

Auf der Erde leben	5.052.216.595	Menschen,
davon sind	1.212.531.983	Atheisten;
es bleiben also	3.839.684.612	übrig.
Davon sind aber	899.294.554	Moslems,
	656.788.157	Hindus
und	404.177.328	Buddhisten,
sodass nur	1.879.424.573	als Christen in Frage kommen.
Leider sind davon	751.769.829	abergläubisch,
es bleiben also	1.127.654.744	übrig,
wovon jedoch	214.254.401	in irgendwelchen Sekten sind.
Von den restlichen	913.400.343	die sich als Christen bezeichnen,
haben	858.596.322	keine richtige Sündenerkenntnis.
Es bleiben noch	54.804.021	übrig,
davon sind aber	54.606.727	nur Mitläufer;
von den aktiven	197.294	„Christen“
leben	189.403	nicht nach der Bibel.
Es gibt dann nur noch	7.891	Christen,
von denen jedoch	7.889	zu oberflächlich sind.
Letztlich bleiben also nur	2	echte Christen übrig (du und ich),

und nach dem, was Lukas über dich im 18. Kapitel ab Vers 9 geschrieben hat, beginne ich auch langsam an dir zu zweifeln!

Happy Birthday Jesus

Herzlichen Glückwunsch, Jesus, zum Geburtstag. Das sagt man so schnell. Ich weiß gar nicht, ob ich *dir* Glück wünschen soll? Es war ja eigentlich *unser* Glück, dass du als Gott Mensch geworden bist und uns Gottes Willen bekannt gemacht hast. Ob man das, was du damals vor etwa 2000 Jahren erlebt hast, als Glück bezeichnen kann, würde ich ja eher noch bezweifeln. Das sah ja eher glücklos aus, als du ans Kreuz genagelt wurdest, und das auch noch wegen uns, nicht wegen dir. Gut, die Auferstehung, das war eine echte Überraschung, aber Glück war das auch nicht. Eher gut durchdacht von deinem Vater.

Mann, Jesus, du bist ganz schön alt geworden. Wie hast du das nur gemacht? Und du hast dich so dynamisch gehalten, du bist trotz deines Alters keineswegs altmodisch, im Gegenteil: Je mehr ich mich der 2000er Altersgrenze hinbewege (o.k., bei mir braucht es noch etwas), desto mehr wird mir bewusst, du bist noch hochaktuell, innovativ in jeder Hinsicht, überhaupt nicht verstaubt und verblasst. Ob dein Rezept der „ewigen Jugend" etwas mit der konstanten Gegenwart deines Vaters zu tun hat?

Jesus, ich wünsche dir auf jeden Fall ganz viele Gäste auf all deinen Feiern (wünsche ich das eigentlich dir oder eher den Gästen??!!...). Ich komme auch.

Dein Freund Arno Backhaus

Das waren noch Zeiten, als Gott Mensch wurde. Heute spielt der Mensch Gott. Aber zum Glück gibt es Jesus nicht im Reagenzglas, sondern nur im Stall, am Kreuz und in den Herzen seiner Menschen.

Wahr ist ...

dass Anbetungslieder, von einigen auch mit dem Schimpfwort „Chorusse" tituliert, zwei- bis viermal wiederholt werden und aus diesem Grund von bestimmten Christen abgelehnt werden.

Unwahr ist ...
dass die gleichen Christen ab sofort auch das Singen anderer Lieder ablehnen wollen, die ebenfalls mehrfach wiederholt werden, wie diverse Kanon, z.B. „Vom Aufgang der Sonne", Gospel-Songs, Taize-Lieder, das Weihnachts-Oratorium (bei dem Textpassagen so extrem oft wiederholt werden, dass man den Sinnzusammenhang ohne Textvorlage gar nicht mehr nachvollziehen kann) und andere Lieder.

Wahr ist ...
dass alle Gottesdienstbesucher sofort ohne jegliche kritische innere Anfrage zum Gebet aufstehen, wenn der Pastor darum bittet.

Unwahr ist ...
dass alle Gottesdienstbesucher, wenn der Pastor im Gottesdienst darum bittet, beim Beten die Hände zu erheben, dies ebenfalls sofort ohne jegliche kritische, innere Anfrage bis Verweigerung tun.

Wahr ist ...
dass heute jeder Christ, der die Hände beim Beten erhebt, in frommen Kreisen als Charismatiker abgestempelt wird.

Unwahr ist ...
dass Mose, als er die Hände beim Beten erhob, ebenfalls von den gläubigen Juden in der damaligen Zeit als Charismatiker abgestempelt wurde.

Wahr ist . . .
dass Anbetungslieder kanaanäische Fachausdrücke beinhalten und sich deshalb bei manchen Christen ein Unbehagen einstellt, das meistens in eine Ablehnung dieser Lieder mündet.

Unwahr ist . . .
dass sich bei der gleichen Personengruppe ein zunehmendes Unbehagen einstellt bei Textpassagen wie: „. . . dir zum Preis singt die heilige Gemeinde; sie verehrt auf seinem Thron . . .“ (aus dem Lied „Großer Gott, wir loben dich“) und aus anderen bekannten und etablierten alten Kirchenliedern sich Ablehnung breit macht, diese Lieder in Zukunft noch zu singen.

Die Jünger Jesu sollen sein:

> Die Hefe im Teig,
> das Licht in der Welt,
> die Stadt auf dem Berg.

Aber nicht:

> Die Axt im Walde,
> das Haar in der Suppe,
> die Made im Speck.

(Siehe auch 1. Korinther 5,7 + Matthäus 5,13-15)

VERBOTEN

ab 4 Personen
ab 8 Jahren
ab 5 Minuten

Charakter des Spiels: kniffelig, Wettbewerb, etwas Bibelkenntnis wäre nicht schlecht
Material: vorbereitete Zettel – siehe unten

Spielvariante a)

Jeder Spieler bekommt 10 Punkte. Es werden die hinteren Begriffe (siehe Aufstellung unten) von einer Person langsam vorgelesen und es soll der erste aufgelistete Begriff gefunden werden. Wer einen falschen Begriff nennt, bekommt für jedes falsche Wort eine Punkt abgezogen.

Spielvariante b)

Ihr kennt sicher das Spiel „Tabu". Dieses Spiel wird ähnlich gespielt, d.h. zwei Gruppen treten gegeneinander an. Ihr bereitet kleine Karten vor, auf denen z.B. die einzelnen Begriffe und Wörter stehen, z.B. steht oben auf der Karte **„Abendmahl"** und dieser Begriff ist fett unterstrichen. Darunter auf der Karte stehen dann die Worte: Brot – Wein – Teller – Kelch – Blut– Auferstehung – Sterben – Tod – Leib. Eine Person bekommt die erste Karte, muss den Begriff „Abendmahl" den anderen Personen beschreiben, ohne ein Wort zu benutzen, das unten auf der Karte mit aufgeführt ist. Eine zweite Person, die daneben steht, kontrolliert, dass bei der Beschreibung auch kein Wort von der Karte mit benutzt wird. Die Gruppe versucht so schnell wie möglich, den Begriff zu erraten. Hat sie das geschafft, kommt der nächste Begriff dran. Wie viele Begriffe errät eine Gruppe z.B. innerhalb von zwei Minuten? Jetzt kommt die nächste Gruppe dran:

Abendmahl	Brot – Wein – Teller – Kelch – Blut – Auferstehung – Sterben – Tod – Leib
Altar	Kerzen – Kreuz – Kirche – Bibel – Abendmahl –
Auferstehung	Kreuz – Tod – Ostern – Jesus – 3 Tage
Beerdigung	Pfarrer – Friedhof – Tod – Grab – traurig Sarg – Kranz – Trauer
Beichte	katholisch – Vergebung – Stuhl – Buße – Priester – Sünde
Bekehrung	Vergebung – Buße – Jesus – Neuanfang – Schuld
Bibel	schwarz – Buch – Neues – Altes – Testament – Buchstaben
Billy Graham	Bibel – Massen – Maschinengewehr Gottes – Evangelist – TV
Charismatiker	Sprachengebet – Hände – Geistesgaben – Pfingstler
Corrie ten Boom	Schwester – Holland – Juden – 3. Reich – Die Zuflucht – Ravensbrück
CVJM	Jungschar – Jüngerschaft – Gruppen – Sport – Verein
Der 10.	Abgabe – Altes Testament – Geld – Prozent – Teil – Einkommen
Diakonie	Behinderte – sammeln – pflegen – Alte – Essen auf Rädern – Krankenhaus

Diakonisse	Haube – Mutterhaus – Krankenschwester – Orden – Tracht
Dom	Köln – Kirche – groß – Prunk – katholisch
Endzeit	Offenbarung – Zeit – Stunde – Entrückung – Propheten
Engel	Harfe – Flügel – Wolke – Gabriel – Wesen – Bibel
EKD	evangelisch – Kirche – Protestanten – Lutheraner – Landeskirche – Unierte
ERF	Radio – Jürgen Werth – Mittelwelle – Rundfunk – Wetzlar
Erntedankfest	Gabentisch – Kirche – Altar – Oktober – Obst – Gemüse – Getreide
Ev. Allianz	Bad Blankenburg – evangelikal – ERF – Idea – Gebetswoche – Hartmut Steeb
Fasten	Mönche – Verzicht – Wochen – Ostern – essen – Wasser
Franz von Assisi	Mönch – Tiere – Gebet – katholisch – arm – Orden – Heiliger
Gebet	Gott – Verbindung – bitten – danken – loben – preisen – stille Zeit
Gesangbuch	Lieder – Gottesdienst – Musik – Kirche – Noten – Buch
Gott	Bibel – Jesus – Heiliger Geist – Vater – Herr
Götter	anbeten – Religionen – tot – Indien – letzte Instanz

Gottesdienst	Pfarrer – Predigt – Lieder – Kirche – Chor – Liturgie
Hauskreis	reden – Plätzchen – Bibelarbeit – Tee – Gemeinschaft – singen – Kleingruppe
Heilsarmee	Uniform – Musik – sammeln – Arme – Suppe – Seelenheil
Heiliger	Geist – Vater – Sohn - Hauch – Atem – Taube – Wind
Himmel	oben – hell – Sonne – Mond – Sterne – Gott
Hölle	unten – heiß – Satan – Teufel – Verdammnis – Leid
Israel	heiliges – Land – Geburtsland – Bibel – Verheißung – Terror
Jesus	Herr – Tod – Kreuz - Vater – Sohn – auferstanden - Christen – Wunder
Juden	Pharisäer – Altes Testament – Volk – Israel – 3. Reich – verfolgt – Auschwitz
Jungfrau Maria	schwanger – keine Wohnung – Kind – geboren – Joseph – Jesus – Mutter
Jungschar	Lieder – Spiele – Jungen – Mädchen – Basteln – Geländespiel
Katechismus	der „kleine“ – Fragen – Luther – lernen – Konfirmation – Heidelberger
Katholisch	Papst – Rom – Messe – Beichte – Vatikan – Weihwasser – Heilige
Kirche	Pfarrer – Gebäude – Glocken – Bänke – Turm – singen – Predigt

Kirchensteuer	Geld – Kirche – Staat – Abzüge – Mitglied
Kirchentag	Treffen – Christen – Stände – Markt der Möglichkeiten – Bibelarbeiten – Konzerte
Kirchenvorstand	Planung – Leitung – Wochen – Treffen – Gemeindeleitung – gewählt
Kloster	Mönche – Mittelalter – schweigen – arbeiten – beten
Kollekte	Geld – Klingelbeutel – sammeln – Münzen – Scheine – Altar
Konfession	Kirche – Bekenntnis – Christen – Ökumene
Konfirmation	Gelübde – Abendmahl – Prüfung – Geschenke – Teenies – Taufe
Konkordanz	Erklärung – Worte – Bibel – suchen
Kreuz	Jesus – Tod – Zeichen – Golgatha – Nagel
Losung	Andacht – Bibel – täglich – Lose – Lehrtext
Dr. Martin Luther King	Amerika – Freiheitsbewegung – Schwarzer – wurde ermordet – Baptist
Meditation	Stille – Kerzen – Text – Bilder – Gebet – hören
Missionar	Afrika – Ausland – Schwarze – Spenden – Entwicklungshelfer
Mönch	Kloster – Nonne – Fastenzeit – Papst – Kutte – Fasten

Mose	10 Gebote – brennender Busch – goldenes Kalb – fünf Bücher – Bibel
Mutter Theresa von Kalkutta	Frau – Ordensschwester – Armut – helfen – opfern – Missionarin
Nonne	Papst – Kloster – Mönch – Jesus – Sister Act – katholisch
Orgel	Kirche – groß – Musik – Pfeifen – Tasten
Ostern	Christus – Kreuz – Tod – Auferstehung – Kirchenfeier – Feuer – Nacht
Papst	Rom – katholisch – unfehlbar – Vatikan – Kuss – gepanzert – Reisen – Vertreter
Paradies	Adam & Eva – erste Sünde – Gott – Frucht – Garten
Pate	Taufe – Kirche – Baby – Geschenke – verantwortlich
Pfarrer	Kirche – Talar – predigen – Theologe – beten – trauen
Posaunenchor	Instrument – üben – Noten – Blasinstrument – Feste
Predigt	Bibeltext – Pfarrer – auslegen – Rede – Sonntag – Kirche
Reformation	Martin Luther – Wittenberg – 95 Thesen – Kirchentür – Wartburg
Sabbath	Juden – Adventisten – 7. Tag – Samstag – heiligen
Schöpfung	Gott – Welt – Creation – Rippe – Formen – Entstehung

Seelsorge	helfen – beten – hören – beraten – Psychologie – Pfarrer
Sintflut	Arche – Noah – 40 Tage – Tiere – Regen – Schiff – Überschwemmung
Taufe	Wasser – Baby – untertauchen – Becken – Pate – Baptisten
Telefon-Seelsorge	Probleme – Psychologie – Hilfe – wählen – hören – Telefon – Selbstmord
Tempel	heilig – Schuhe – beten– opfern – Vorhang – Priester
Teufel	böse – Feind – Hass – Lüge – Wüste
Weihnachten	Kerzen – Nikolaus – Geschenke – Geburt – Tannenbaum – Sterne – Hirten
Eine-Welt-Laden	Kaffee – verkaufen – Tee – Geschenkartikel – fair

Welcher Satz trifft eher zu? Bitte ankreuzen:

Die Bischöfe sind die rechtmäßigen Nachfolger der Apostel.
Die Bischöfe sind die recht mäßigen Nachfolger der Apostel.

Sag mal, liest du eigentlich die Bibel?

Nein.

Warum nicht?

Weil ich vieles einfach nicht verstehe.

Aber als du jetzt einen Computer angeschafft hast, hast du auch vieles nicht verstanden.

Ja, deshalb habe ich ja auch einen Computer-Kurs besucht.

Sag mal, hast du Lust einen Bibel-Kurs zu besuchen?

Nein.

Warum nicht?

Weil ich ..., ach lass mich in Ruhe!

Das verstehe ich nicht.

Das kann man nicht verstehen, das muss man einfach glauben.

„Macht die heutige Zeit nicht immer so schlecht“, ermahnt ein Prediger seine Gemeinde. „In den Urzeiten war die Kriminalität viel höher als heute. Bedenkt nur, dass es zu den Zeiten von Kain und Abel noch 25 Prozent Mörder unter den Menschen gab!“

Max fragt seinen Schulfreund Tim, welche Frau aus der Bibel er am liebsten zur Ehefrau hätte. Da antwortet Tim: „Lots Frau!“ – „Warum denn gerade die?“, will Max wissen. – „Na, tagsüber eine Salzsäule und nachts ein Feuerball.“

Der Dompropst heißt alle Touristen herzlich willkommen. Er möchte aber darauf hinweisen, dass in der Gemeinde keine Gelegenheit zum Schwimmen gegeben ist. Daher ist es völlig unnötig, die Kathedrale in Strandkleidung zu betreten.
JÖRG

Am Berge Sinai sitzt Moses und Gott spricht:
„Und merke dir eines, Moses, die koschere Küche verlangt, dass du nie ein Kalb in der Milch seiner Mutter garst.“ Darauf antwortet Moses: „Ich verstehe, Herr, was du sagen willst. Du meinst, wir sollen niemals Milch und Fleisch gemeinsam verzehren.“
„Nein“, sagt Gott, „ich sagte, du sollst nie ein Kalb in der Milch seiner Mutter garen.“
Moses rutscht verlegen hin und her und sagt: „Entschuldige meine Ignoranz, Herr, was du sagen willst, ist, dass wir mindestens sechs Stunden warten sollten, bis wir Milch zu uns nehmen, wenn wir zuvor Fleisch gegessen haben.“
„Moses, ich sagte, du sollst kein Kalb in der Milch seiner Mutter kochen!!!“, spricht der Herr.
„Vergib mir Herr, ich hatte nicht verstanden. Du meinst, wir sollten unterschiedliche Teller haben, von denen wir Fleisch und Milchiges essen und dürfen diese nie vertauschen. Sollte es uns einmal danebengehen, so müssen wir aus der Stadt hinausgehen und die Teller zerschlagen und vergraben.“
(Zitat aus dem Talmud) „Moses, mach was du willst ...“

Zwei Pfarrer unterhalten sich. „Mir hat man mein Fahrrad gestohlen.“ – „Dann predige doch über die 10 Gebote und wer sich auffällig verhält, von dem kannst du ausgehen ...“ Nach zwei Wochen: „Und?“ – „Ich bin nur bis zum 6. Gebot gekommen, dann ist mir wieder eingefallen, wo ich es stehen gelassen habe.“

In einem Schnellrestaurant sitzen zwei Pastoren an einem kleinen Tisch. Der eine, von beträchtlicher Leibesfülle, hat seinen Teller übermäßig mit fett- (und Cholesterin-)triefenden Fleischklopsen in Pappbrötchen gefüllt. Staunend hört nun sein Sitznachbar, wie der beleibte Kollege vor dem Essen ausdrucksstark den Geist der Kalorien bindet. Doch dieser beobachtende Pastor staunt nicht nur, sondern ist auch bibelfest und kann den eifrigen Beter – oder sollten wir hier lieber sagen „Binder" – auf ein mindestens gleichwertig gewichtiges Wort Jesu hinweisen: „Diese Art fährt nur aus durch beten und fasten ..."

Ein Theologiestudent legt seine Prüfung ab. Er ist sehr aufgeregt und er fürchtet, dass er mit seinem mageren Wissen nicht durch die Prüfung kommt. Die Professoren fragen und fragen, aber die richtigen Antworten wollen nicht kommen.
Endlich will ihm ein Professor eine Schlussfrage stellen, die er aber bestimmt beantworten müsste: „Nennen Sie uns doch einmal ein Gleichnis, junger Mann?" Keine Antwort. Der Professor milde: „Ein Stichwort gebe ich Ihnen. – Jungfrauen!" Da erhellt sich das Gesicht des Prüflings: „Ja! Danke! Genau! Das Gleichnis von den sieben mageren und sieben fetten Jungfrauen ..."

Ein Schüler geht total unvorbereitet zu einer Religionsarbeit. Auf den Zettel schreibt er: „Gott weiß alles, ich weiß nichts!" Auf der korrigierten Arbeit steht: „Gott 1, Sie 6!"

Kommt mir irgendwie bekannt vor ...

Kein Grund zur Überheblichkeit

Es ist still geworden in der Tischlerwerkstatt. Feierabend. Der Geruch von Leim, frischen Sägespänen und Holz liegt noch in der Luft.

Doch was ist das? Wer spricht dort? „Wirklich gut habe ich das gemacht“, sagt die Säge mit knarrender Stimme. „Ha, wie ich mich durchs Holz gefressen habe; ein schnurgerader Schnitt! Der Fensterrahmen dort ist mein Werk.“

„Brrrrr“ hört man die Bohrmaschine aufgebracht dazwischenbrummen. „Ohne mich wäre daraus aber nur ein Brett geworden. Wer außer mir hat die Zapfen gesetzt, die Nut gefräst, die ...“

„Ich unterbreche nur um der Wahrheit willen“, zischt der Hobel ärgerlich. „Aber du kamst doch erst nach mir dran. Schließlich habe doch ich für die glatten Flächen gesorgt, und wahrscheinlich ...“ Weiter kommt auch er nicht. Nun wollen auch die anderen Werkzeuge nicht mehr schweigen.

„Nur keine krummen Touren!“, ruft der rechte Winkel aufgebracht. Die Feile knirscht mit den Zähnen, der Schraubenzieher verdreht sich vor Aufregung fast den Hals und die Nägel rasseln empört in ihrer Kiste.

„Was wärt ihr andern ohne mich?“, schreit alles durcheinander. „Was wärt ihr ohne mich?“ Bis schließlich der Meister auf den Lärm in seiner Werkstatt aufmerksam wird und nachschaut.

Da verstummen alle Werkzeuge, und die Lackfarbe, die

eben noch erbost in ihrem Topf herumgluckerte, errötet leicht. „Ohne die Hand des Meisters“, flüstert sie, „wären wir alle nichts.“

(*Das Original findest du im Alten Testament, Jesaja 10,15: „Vermag sich auch eine Axt zu rühmen wider den, der damit haut, oder eine Säge groß zu tun wider den, der sie zieht?“*)

„Geben ist seliger als nehmen.“ Ob Henri Maske das sagt oder Jesus, ist doch ein gewaltiger Unterschied.

JESUS ...

JESUS ...

heruntergestoßen
weggestoßen
untergebuttert
fertig gemacht
niedergeschrien
gebraucht
ignoriert
weggeworfen
liegen gelassen
bespuckt
gehasst
ausgelacht
abgeurteilt
herumgewirbelt
abgestellt
platt gemacht
angeschrien
totgeschwiegen

... trotzdem hat er uns nie im Stich gelassen.

(siehe auch Matthäus 27,27-44)

Selig, die das Interesse des anderen lieben wie ihr eigenes, denn sie werden Frieden stiften.

Selig, die immer bereit sind, den ersten Schritt zu tun, denn sie werden entdecken, dass der andere viel offener ist, als er es zunächst zeigen konnte.

Selig, die erst hören und dann reden, denn man wird ihnen gerne zuhören, wenn sie etwas zu sagen haben.

Selig, die das Körnchen Wahrheit in jedem Redebeitrag heraushören, denn sie helfen einander im Christsein weiter.

Selig, die verlieren können, denn sie lassen Christus Raum, für alle zu gewinnen.

Stellt euch mal vor …

Ein Pfarrer predigte vor Knackis in einer Jugendstrafanstalt. Er stellte sich vor sie hin, las die Geschichte vom verlorenen Sohn und fragte sie dann:

„Stellt euch mal vor, ihr hättet zehn Zigarettenautomaten geknackt, aber nur einer dieser Brüche wäre euch nun nachgewiesen worden. Die anderen hätten sie nicht entdeckt. Jetzt stellt euch vor, die Verhandlung kommt, die Gerichtsverhandlung. Würdet ihr die anderen neun auch zugeben?"

Die Jugendlichen sagten: „Nee, da wären wir ja bekloppt, dann wird die Strafe ja noch höher!"

Der Pfarrer sagte: „Das würde ich auch nicht machen. Aber jetzt stellt euch mal folgende Situation vor: Die Gerichtsverhandlung beginnt, der Richter steht auf, es ist noch kein Zeuge vernommen worden; es ist überhaupt noch nichts gewesen. Der Richter steht auf und sagt, was man eigentlich erst am Ende des Prozesses hört: ‚Angeklagter, im Namen des Volkes, sie sind freigesprochen.' "

Da stand ein achtzehnjähriger junger Mann auf und sagte: „Dann würde ich endlich mal alles sagen können. Dann würde ich endlich mal auspacken können."
(siehe auch Römer 8,2)

Und was Gott dazu sagt ...

Du sagst: „Es ist unmöglich."
Gott sagt: „Alle Dinge sind möglich." *(Lukas 18,27)*

Du sagst: „Ich bin zu müde."
Gott sagt: „Ich werde dir Ruhe geben." *(Matthäus 11,28-30)*

Du sagst: „Keiner liebt mich wirklich."
Gott sagt: „Ich liebe dich." *(Johannes 3,16; 13,34)*

Du sagst: „Ich kann nicht weitermachen."
Gott sagt: „Meine Gnade ist ausreichend." *(2. Korinther 12,9; Psalm 91,15)*

Du sagst: „Ich kann die Dinge nicht begreifen."
Gott sagt: „Ich werde deine Schritte lenken." *(Sprüche 3,5+6)*

Du sagst: „Ich kann es nicht tun."
Gott sagt: „Du kannst alle Dinge tun." *(Philipper 4,13)*

Du sagst: „Das ist es nicht wert."
Gott sagt: "Das wird es wert sein." *(Römer 8,28)*

Du sagst: „Ich kann mir nicht selbst vergeben."
Gott sagt: „Ich vergebe dir." *(1. Johannes 1,9; Römer 8,1)*

Du sagst: „Ich komme nicht zurecht."
Gott sagt: „Ich werde für alle deine Bedürfnisse sorgen." *(Philipper 4,19)*

Du sagst: „Ich fürchte mich."
Gott sagt: „Ich habe dir nicht einen Geist der Angst gegeben." *(2. Timotheus 1,7)*

Du sagst: „Ich bin immer besorgt und frustriert."
Gott sagt: „Wirf alle deine Sorgen auf mich." *(1. Petrus 5,7)*

Du sagst: „Ich habe nicht genug Glauben."
Gott sagt: „Ich habe jedem ein Maß an Glauben verliehen." *(Römer 12,3)*

Du sagst: „Ich bin nicht klug genug."
Gott sagt: „Ich gebe dir Weisheit." *(1. Korinther 1,30)*

Du sagst: „Ich fühle mich allein."
Gott sagt: „Ich werde dich nie verlassen oder vergessen." *(Hebräer 13,5)*

„Was Gott zusammengefügt hat, soll der Mensch nicht scheiden." Gilt das eigentlich auch für Atomkraftwerke und Holzscheide?

Jesus ist in uns, kein Wunder, dass ihn keiner sieht! (Galater 4,19)

Geheimnisvolle Krankheit

Der Tag ist vorbei, du fährst nach Hause. In den Radionachrichten hörst du einen kurzen Bericht über eine kleine Stadt in Indien, wo ein paar Einwohner plötzlich auf sonderbare Art an einer Krankheit gestorben sind, die noch völlig unbekannt ist. Drei Viertel der Menschen sind tot – aber es ist keine Grippe.

Das ist sehr interessant für die Wissenschaft. Mediziner werden hingeschickt, um die Sache zu untersuchen. Du denkst nicht weiter darüber nach, aber als du am Sonntag nach der Kirche nach Hause fährst, hörst du einen neuen Bericht im Radio. Nur sind es jetzt keine Dorfbewohner mehr, sondern schon 30 000 Menschen in den Hügeln des betroffenen Gebietes in Indien.

An diesem Abend kommt im Fernsehen ein kurzer Bericht im Abendjournal. Niemand hat bisher etwas von dieser Krankheit gehört.

Als du am Montagmorgen wach wirst, siehst du es in großen Schlagzeilen in der Zeitung. Aber es betrifft nicht mehr nur Indien, mittlerweile ist es auch in Pakistan, Afghanistan und Iran. Du hörst den Bericht überall und es wird „die geheimnisvolle Krankheit" genannt. Die Regierung ruft dazu auf, mit großzügigen Spenden an diese Menschen zu denken und zu hoffen, dass sich alles zum Positiven wendet. Die Frage ist nur: Wie bekämpft man diese Krankheit?

Dann kommt der Präsident von Frankreich mit einer Ankündigung, die alle aufschreckt: Er schließt die Grenzen. Keine Flüge mehr aus oder in die betroffenen Länder.

Am Abend siehst du in den Nachrichten, dass eine französische Frau berichtet, dass im Krankenhaus in Paris ein Mann liegt, der an der geheimnisvollen Krankheit sterben wird.

Sie ist also nach Europa gekommen, Panik bricht aus. So weit man weiß, merkt man erst nach einer Woche, dass man die Krankheit hat. Danach hat man vier Tage seltsame Erscheinungen am Körper und dann stirbt man. Großbritannien schließt die Grenzen, aber es ist zu spät.

Am Dienstagabend macht der amerikanische Präsident folgende Ankündigung: Keine Flüge aus Europa und Asien, weil dadurch die Volksgesundheit bedroht ist. Sind Familienmitglieder dort, ist das bedauerlich, aber sie können nicht mehr nach Hause, bevor ein Heilmittel gefunden ist.

Binnen vier Tagen ist die gesamte Welt in Panik gestürzt. Menschen verkaufen Atemmasken, Menschen fragen sich, was wohl passiert, wenn die Seuche bei ihnen ausbricht, Pfarrer verkündigen das Ganze als eine Strafe Gottes.

Es ist Mittwochabend in der Gebetsstunde in der Kirche, als jemand reinstürmt und schreit: „Stellt das Radio an!“ Menschen in der Kirche hören gebannt den Bericht: Zwei Männer liegen in der Uniklinik in Berlin. Auch sie sterben an der geheimnisvollen Krankheit.

In ein paar Stunden weiß es jeder. Wissenschaftler arbeiten rund um die Uhr, nichts wirkt. Überall in Deutschland breitet sich die Krankheit aus. Hamburg, Frankfurt ... Auch in den USA ist die Krankheit mittlerweile ausgebrochen.

Und dann kommt plötzlich ein Bericht: Der Code der Krankheit ist geknackt, ein Heilmittel kann gefunden werden. Gegengift kann entwickelt werden. Es muss aus einer Blutprobe von jemandem hergestellt werden, der noch nicht infiziert ist. Überall werden Menschen aufgerufen, in das nächste Krankenhaus zu gehen, und das Blut untersuchen zu lassen. Menschen gehen in Massen in die Krankenhäuser, um dem dringenden Aufruf nachzukommen.

Als du mit deiner Familie am späten Freitagabend im Krankenhaus ankommst, stehen dort schon lange Schlangen von Menschen. Krankenschwestern und Ärzte stechen in die Finger und kleben Etiketten auf die Proben. Deine Frau und deine Kinder waren schon dran. Du wirst gebeten, zu warten, bis dein Name aufgerufen wird und du nach Hause gehen kannst. Du stehst dort herum, ängstlich – mit deinen Nachbarn und deiner Familie. Du fragst dich, was um Himmels willen nur los ist und ob das Ende der Welt in Sicht ist.

Plötzlich kommt ein junger Mann aus dem Krankenhaus, schreit und wedelt mit Papier. Du kannst es nicht verstehen. Wieder ruft der Mann. Dann zieht dich dein kleiner Sohn am Ärmel und sagt: „Papa, das bin ich!“ Bevor du es kapierst, packen sie deinen Sohn und nehmen ihn mit. „Augenblick, gleich haben wir‘s,“ und dann: „Es ist gut, sein Blut ist sauber. Perfekt. Wir wissen sicher, dass er die Krankheit nicht hat. Wir denken, dass er die richtigen Bluteigenschaften hat.“

Fünf angespannte Minuten später kommen die Doktoren und Schwestern heraus. Sie weinen und umarmen sich, manche lachen sogar. Es ist das erste Mal seit einer Woche, dass du jemanden lachen siehst. Ein alter Doktor kommt auf dich zu:

„Vielen Dank, mein Herr. Die Bluteigenschaften Ihres Sohnes sind perfekt. Es ist sauber, es ist rein, wir können das Heilmittel herstellen."

Die Nachricht verbreitet sich wie ein Lauffeuer. Alles jubelt und freut sich. Da kommt der alte Doktor auf dich und deine Frau zu und sagt: „Können wir Sie mal eben sprechen? Wir waren uns nicht im Klaren, dass der Spender ein Minderjähriger ist, und wir brauchen dazu Ihre Unterschrift." Du beginnst zu unterschreiben, als du plötzlich siehst, dass die Anzahl der Blutfläschchen, die abgenommen werden soll, nicht eingetragen ist.

„Wie viele Flaschen?" Da verschwindet das Lächeln des alten Doktors und er sagt: „Wir hatten keine Ahnung, dass es sich um ein Kind handelt. Wir waren nicht darauf vorbereitet. Wir benötigen sein ganzes Blut." Du versuchst noch zu sagen: „Aber begreifen Sie denn nicht ..."
„Wir sprechen hier über die ganze Welt. Bitte unterschreiben Sie! Wir alle haben es nötig." „Können Sie keine Bluttransfusion geben?" „Wenn wir sauberes Blut hätten, würden wir es tun. Würden Sie unterschreiben, bitte?" In eisiger Stille unterschreibst du.

Dann sagen sie: „Wollen Sie noch einen Moment zu ihm, bevor wir anfangen?"

Kannst du zurückgehen? Kannst du in den Raum, wo er an dem Tisch sitzt und sagt: „Papa, was wird hier gemacht?" Kannst du seine kleinen Hände fassen und sagen: „Junge, ich habe dich ganz lieb und werde aufpassen, dass dir niemals was passiert, was nicht unbedingt notwendig ist, verstehst du das?"

Und als der alte Doktor zurückkommt und sagt: „Es tut mir Leid, wir müssen anfangen. Überall auf der Welt sterben Menschen“ – kannst du dann hinausgehen? Kannst du weggehen, während dein Sohn fragt: „Papa, Papa, warum hast du mich verlassen?“

Und in der folgenden Woche hält man die Zeremonie ab, um deinen kleinen Sohn zu ehren, während manche Menschen einfach liegen bleiben und ausschlafen, manche nicht einmal kommen, weil sie zum Picknick an den See fahren wollen, und andere mit scheinheiligem Lächeln kommen, als ob ihnen das alles einerlei wäre! Du würdest am liebsten aufspringen und rufen: „Mein Sohn starb für euch! Ist euch das wirklich ganz egal? Wisst ihr nicht, wie wichtig das für mich ist?“

Vater, jetzt wo ich es durch deine Augen sehe, zerbricht es mir das Herz. Vielleicht kann ich jetzt anfangen, ein klein wenig zu begreifen, wie unendlich lieb du mich hast. Für mich gingst du nach Golgatha, für mich hast du das Kreuz getragen, für mich ertrugst du Spott und Hohn, für mich hast du dich schlagen lassen. Herr, deine Liebe ist so groß, dass ich sie nie begreifen kann. Doch danken will ich dir dafür, ich bete dich an.

Jesus ist am Kreuz gestorben für unsere Schuld, nicht für unsere Entschuldigungen und Ausreden.

Beschäftigt

Satan hatte eine weltweite Versammlung einberufen. In seiner Eröffnungsansprache sagte er zu seinen Dämonen: „Wir können die Christen nicht davon abhalten, in die Gemeinde zu gehen. Wir können sie auch nicht vom Bibellesen abhalten und davon, die Wahrheit zu erkennen. Wir können sie nicht einmal davon abhalten, dass sie eine intime, persönliche Liebesbeziehung zu Jesus entwickeln. Wenn sie diese Beziehung zu Jesus gewinnen, ist unsere Macht über sie gebrochen! Also lasst sie in ihre Gemeinden gehen; lasst ihnen ihren konservativen Lebensstil, aber stehlt ihre ZEIT, sodass sie nicht in diese tiefe Beziehung mit Jesus Christus kommen können!

Das ist, was ich, Satan, von euch will, meine Engel. Lenkt sie davon ab." – „Wie sollen wir das anstellen?", fragten seine Dämonen.

„Haltet sie mit unwichtigen Nebensächlichkeiten des Lebens beschäftigt und erfindet unzählige Programme, um ihre Gedanken in Besitz zu nehmen", antwortete Satan. „Verleitet sie zum Ausgeben, Verbrauchen, Verschwenden und zum Ausleihen, Borgen und wiederum Ausborgen. Überredet die Frauen, lange Stunden arbeiten zu gehen und die Ehemänner sechs bis sieben Tage jede Woche zu arbeiten, zehn bis zwölf Stunden am Tag, damit sie sich ihren leeren Lebensstil leisten können.

Haltet sie davon ab, Zeit mit ihren Kindern zu verbringen. Wenn dann ihre Familie sich bald in Bruchstücke aufteilt, wird ihr Zuhause keinen Schutz mehr vor dem Druck der Arbeit bieten. Putscht ihre Gedanken derart auf, dass sie die sanfte, leise Stimme des Heiligen Geistes nicht mehr hören können.

Verlockt sie dazu, das Radio oder den CD-Player immer einzuschalten, wenn sie Auto fahren. Auch sollen sie die Fernseher, DVD-Recorder, CD-Player und PCs in ihren Häusern ständig in Betrieb haben; und seht auch zu, dass in jedem Geschäft und Restaurant auf der ganzen Welt rund um die Uhr nicht-biblische Musik läuft.

Das wird ihre Gedanken durchdringen und die Einheit mit Christus zerstören!

Füllt die Kaffeetische mit Magazinen und Zeitungen. Hämmert ihnen 24 Stunden am Tag die neuesten Nachrichten ein.

Überschwemmt die Straßen mit Werbeschildern.

Überflutet ihre Briefkästen mit Junkmails, Katalogen, Werbefoldern und jeder Art von Newslettern und Angeboten von Gratis-Produkten, Diensten und falschen Hoffnungen.

Füllt die Magazine und Titelseiten mit schönen, schlanken Models, dass die Ehemänner immer mehr glauben, dass äußere Schönheit wichtig ist und sie unzufrieden mit ihren Ehefrauen werden. Das wird die Familien sehr schnell spalten!

Sogar in ihrer Erholung sollen sie nicht zur Ruhe kommen. Lasst sie von ihrem Urlaub erschöpft, beunruhigt und unvorbereitet für die kommende Woche zurückkehren. Lasst nicht zu, dass sie in die Natur hinausgehen, um Gottes Schöpfung zu bewundern. Schickt sie stattdessen in Vergnügungsparks, zu Sportveranstaltungen, Konzerten und ins Kino. Haltet sie beschäftigt, beschäftigt, beschäftigt!

Und wenn sie mit anderen Christen Gemeinschaft haben, verwickle ihre Gespräche in Klatsch und Small Talk, sodass sie mit schlechtem Gewissen und unbeständigen Gefühlen weggehen. Macht nur weiter, lasst sie ruhig Evangelisationen machen und Seelen gewinnen, aber verstopft ihr Leben mit so vielen guten Gründen, dass sie keine Zeit mehr haben, Kraft von Gott zu holen.

Bald werden sie aus ihrer eigenen Stärke leben, ihre Gesundheit und Familie für die gute Sache opfern. Es wird funktionieren!"

Es war ein durchaus erfolgreiches Versammlungstreffen. Die Dämonen gingen eifrig an ihre Aufträge, Christen auf der ganzen Welt noch mehr zu beschäftigen und zu jagen, hier und dort hingehen zu müssen.

PS: Du kannst diese Information an jeden, den du kennst, weiterleiten – wenn du nicht zu beschäftigt bist ...

Zwei Pfarrer unterhalten sich: „Wenn ich vom Himmel rede, mache ich immer ein fröhliches Gesicht. Aber was soll ich machen, wenn es um die Hölle geht?"
„Dann schau doch einfach so wie immer ..."

Er hat niemals ein Buch geschrieben.

Nie hat er ein Büro gehabt.
Nie eine Familie oder ein eigenes Haus.
Er ging nicht zur Uni.
Niemals besuchte er eine große Stadt.
Niemals ging er weiter als 250 km von dort, wo er geboren wurde.
Er hatte nie Beglaubigungsschreiben, nur sich selbst.
Er war erst 33, als die Flut der öffentlichen Meinung sich gegen ihn kehrte.
Seine Freunde rannten weg.
Er wurde von seinen Feinden überwältigt und ging durch den Spott der Verhandlung.
Er wurde ans Kreuz genagelt zwischen zwei Verbrechern.
Während er starb, spielten die Soldaten um seine Kleider, dem einzigen Eigentum, das er auf der Erde hatte.
Als er tot war, wurde er in ein geliehenes Grab gelegt, das ein mitleidender Freund zur Verfügung stellte.
Zwanzig Jahrhunderte sind gekommen und gegangen.
Alle Armeen, die jemals marschierten,
alle Schiffe, die jemals segelten,
alle Parlamente, die jemals tagten,
alle Könige, die jemals regierten –
alles das zusammengenommen,
haben nie das Leben der Menschen so bewegt wie Jesus.
Heute, zweitausend Jahre nach seinem Tod, lebt er noch immer, verändert Leben und bringt neue Hoffnung.

DER ACHTE SCHÖPFUNGSTAG – ODER DER ANFANG DES CHAOS

1.

Am ersten Tag war alles gut – sogar sehr gut. Blumen blühten, Fuchs und Hase sagten sich „Gute Nacht". Und wenn ein Tier das andere fraß, dann mit Anstand – denn der Hass war noch nicht geboren.

Doch da erfand der Mensch die erste Waffe; primitiv zwar, aber wirkungsvoll. Und was der Mensch erfindet, muss er auch gebrauchen. Offensichtlich. Denn wozu hätte er sonst auch seinen Verstand und seine Hände?

Und weil der Mensch den Hass erfand – schlicht aus Neid heraus, weil Abel ein schöneres Opferfeuer besaß als Kain – weil also der Mensch den Hass erfand, hatte er Grund, seine Waffe zu gebrauchen.

Und der Mensch sprach: Mein Bruder verrecke. Und es geschah so. Und siehe, der erste Mord geschah. Und Gott sah, was der Mensch getan hatte. Und es war nicht gut.

2.

Am zweiten Tag erfand der Mensch die Wirtschaftsprinzipien. Und der Mensch teilte sich ein in Arm und Reich, in Sklaven und Herren, in fortschrittliche und unterentwickelte Länder.
Und Gott sah, dass es nicht mehr eine gute Schöpfung gab, sondern eine Zweite und sogar eine Dritte Welt. Und Gott sah das Elend in der Dritten Welt und das heimliche Elend in der Ersten und Zweiten Welt. Und ward traurig. Denn auch das war nicht gut.

Und der Mensch erfand die Ausbeutung. Zunächst beuteten wenige Menschen die anderen aus, indem sie sie für sich arbeiten ließen. Und aus Gründen der Besitzvermehrung – man sagt auch: Kumulation – erfanden die Menschen die Ausbeutung der Schöpfung Gottes. Und der Mensch sprach: Alles ist mein. Die Herren sind wir. Darum lasset uns fressen und prassen und saufen, denn morgen sind wir tot. Und nach uns die Sintflut. Und es geschah so.

3.
Am dritten Tag war die Flut vorbei. Und der Mensch erholte sich von seinem Schock. Denn er hatte gute Psychiater – und gute Nerven. Und um das Versäumte nachzuholen, erfand er die Maschinen.

Und so wurde die Ausbeutung der Schöpfung mechanisiert und technisiert und rationalisiert. Und alles ging viel schneller – auch das Morden. Denn der Mensch war intelligent.

Und der Mensch sprach: Lasset uns Dinge tun, die es vorher nie gab. Lasset uns Türme bauen bis zum Himmel, Raketen, die bis zum Mond fliegen, Schächte hinab in die Tiefen der Erde, um die Schätze des Erdbodens abzubauen. Lasset uns Schornsteine bauen, die rauchen, und chemische Fabriken, die alles künstlich machen. Und lasst uns Waffen aus den Abfallprodukten schaffen. Und es geschah so. Und der Mensch dachte, so hätte er es gut.

4.
Und am vierten Tag wuchsen die Berge. Denn die Wohlstandsgesellschaft türmte ihren Müll auf. Und die Flüsse wurden begradigt, damit das Gift schneller abfließe. Aber es gab zu viel chemische Abwässer. Und die Fische in den Flüssen konnten es nicht vertragen. Und da sie nicht verstanden, warum es kein genießbares Wasser gab – starben sie.

Und die Bäume verloren ihre Nadeln und Blätter. Und die Tiere fraßen Schwermetalle. Und die Luft verlor ihren Sauerstoff. Dafür gab es sauren Regen im Überfluss. Und als der Mensch sah, dass es keine Tiere mehr gab, sagte er: Lasset uns Menschen machen, die uns gleich seien nach unserem Bilde.

Und sie arbeiteten mit Retorten und Genen. Und es gelang ihnen, etwas zu machen. Doch es war ein Ungeheuer. Aber der Mensch gab nicht auf – denn ein Mensch hält die Stellung bis zum Ende. Und es gelang ihm, neue Menschen nach seinem Bilde zu schaffen. Doch es waren wiederum Ungeheuer.

Denn – der Mensch war ein Ungeheuer. Offensichtlich. Und Gott klagte über die Menschen, die er zum Guten geschaffen hatte. Und Gott weinte über seine Schöpfung. Denn es war wenig Gutes übrig geblieben.

5.
Und am fünften Tag verfinsterten sich die Sonne und der Mond. Und auch die Sterne. Denn der Himmel war voller Rauch. Und Qualm bedeckte das Erdreich. Und die Atmosphäre wurde vergiftet und man sah das Licht nicht mehr.

Doch der Mensch hatte Gasmasken und er machte sich selber Licht. Denn er hatte genügend Atomkraftwerke, die Energie produzierten. Doch irgendwie fand er das auch nicht mehr so gut. Aber er wollte sich nicht ändern. Auch Gott sah die Welt und es zerriss ihm das Herz. Denn es war zu spät.

6.
Am sechsten Tag wurde der Mensch aktiv. Radioaktiv. Und er zündete alle Bomben, die er gehortet hatte. Und er ließ Raketen fliegen, weil das die einzige Sprache war, die er noch verstand.

Denn vom Alphabet kannte er nur noch: A B C. Und darum setzte er atomare, chemische und biologische Waffen ein, obwohl das eigentlich ganz unnütz war. Denn eine Biologie gab es nicht mehr, seit die Natur zerstört war. Und Feuer regnete vom Himmel. Und noch einmal sah der Mensch den Mond. Der war blutig rot.

Und die Wasser verdampften und die Sterne fielen vom Himmel. Und die Erde zerbarst und die Tiefen der Erde taten sich auf und verschlangen, was darauf war. Und Gott sah den Overkill. Und Gott trauerte. Denn er hatte trotz allem die Menschen geliebt.

7.
Am siebten Tag war alles ruhig. Friede herrschte auf dem Chaos. Und die Erde war wüst und leer.

Und der Geist Gottes wehte über dem Chaos. Und die Engel des Himmels unterbrachen ihren Gesang für eine Weile. Und keiner von ihnen sagte: „Das macht doch nichts, das merkt doch keiner."

Denn Gott hatte es mit ansehen müssen.
Von Michael Freitag 1971 geschrieben

Statistisch gesehen …
> baut jeder Bundesbürger in seinem Leben 0,3 Häuser
> kauft 10,1 Autos
> pflegt 2,3 Hunde
> und stirbt 1 mal am Ende.
Schade, wenn man den Tod so auf sich zukommen lässt!

Prediger 14,1: „Ich sah alles Tun, das unter der Sonne geschieht, und siehe, es war alles eitel und Haschen nach Wind."

Begriffe und Wendungen

Wir verwenden viele Sprichwörter, um Sachverhalte deutlich zu machen. Dabei ist uns manchmal gar nicht bewusst, woher sie eigentlich stammen. Viele Sprichwörter stammen aus der Bibel:

AUS DEM ALTEN TESTAMENT

die Babylonische Sprachenverwirrung	nach 1. Mose 11,1–9
das Linsengericht (für das Esau seinem Bruder Jakob das Erstgeburtsrecht verkaufte)	1. Mose 25,34
die Fleischtöpfe Ägyptens	2. Mose 16,3
sein Herz ausschütten	1. Samuel 1,15
Hiobsbotschaft	Hiob 1,14ff.
die Stillen im Lande	Psalm 35,20
ein Ende mit Schrecken nehmen	Psalm 73,19
sein Haus bestellen	Jesaja 38,1
ein Prediger in der Wüste	Jesaja 40,3
ein Koloss auf tönernen Füßen	Daniel 2,31–33
wider den Strom schwimmen	Sirach 4,31
Wie du mir, so ich dir.	Sprüche 24,29; Ezechiel 16,59

Es geschieht nichts Neues unter der Sonne.	Prediger 1,9
Des vielen Büchermachens ist kein Ende.	Prediger 12,12
Wer Wind sät, wird Sturm ernten.	Hosea 8,7
Was du nicht willst, das man dir tut, das füg auch keinem andern zu.	Tobias 4,16
Auge um Auge, Zahn um Zahn.	2. Mose 21,24; Matthäus 5,38
Wer andern eine Grube gräbt, fällt selbst hinein.	Psalm 57,7; Sprüche 26,27
Recht muss Recht bleiben.	Psalm 94,15
Den Seinen gibt's der Herr im Schlaf.	Psalm 127,2
Mein Sohn, wenn dich die bösen Buben locken, so folge nicht.	Sprüche 1,10
Unrecht Gut gedeiht nicht.	Sprüche 10,2
Hochmut kommt vor dem Fall.	Sprüche 16,18

AUS DEM NEUEN TESTAMENT

Der Mensch lebt nicht
vom Brot allein. Matthäus 4,4

Lass deine linke Hand nicht wissen,
was die rechte tut. Matthäus 6,3

An ihren Früchten
sollt ihr sie erkennen. Matthäus 7,16

Seid klug wie die Schlangen
und ohne Falsch wie die Tauben. Matthäus 10,16

Wes das Herz voll ist, des
geht der Mund über. Matthäus 12,34

Der Prophet gilt nichts
in seinem Vaterlande. Matthäus 13,57

Eher geht ein Kamel
durch ein Nadelöhr. Matthäus 19,24

Die Ersten werden die Letzten
und die Letzten werden
die Ersten sein. Matthäus 19,30

Gebt dem Kaiser,
was des Kaisers ist. Matthäus 22,21

Es wird kein Stein auf
dem andern bleiben. Matthäus 24,2

Der Geist ist willig,
aber das Fleisch ist schwach. Matthäus 26,41

Ehre, dem Ehre gebührt. Römer 13,7

Der Glaube versetzt Berge.	Matthäus 17,20
Unser Wissen ist Stückwerk.	1. Korinther 13,9
Wer nicht arbeitet, soll auch nicht essen.	2. Thessalonicher 3,10
Den Reinen ist alles rein.	Titus 1,15
die Axt an die Wurzel legen	Matthäus 3,10
das tägliche Brot	Matthäus 6,11
Perlen vor die Säue werfen	Matthäus 7,6
sein Kreuz auf sich nehmen	Matthäus 10,38
Judaslohn	Matthäus 26,14–15
der verlorene Sohn	Lukas 15,11–32
in Abrahams Schoß	Lukas 16,23
Blut schwitzen	Lukas 22,44
ein ungläubiger Thomas	Johannes 20,24–27
falsche Brüder	2. Korinther 11,26
ein Pfahl im Fleisch	2. Korinther 12,7
ohne Ansehen der Person	1. Petrus 1,17; Sprüche 24,23
das A und das O	Offenbarung 1,8
ein Buch mit sieben Siegeln	Offenbarung 5,1

Sprichwörter aus der Bibel?

Welche der folgenden Redewendungen stammen aus der Bibel?

1. Lehrer können einem wirklich oft **das Leben sauer machen!**

2. **Bete und arbeite,** ein biblisches Prinzip?

3. Hinz und Kunz nennt man manchmal auch **Krethi und Plethi.**

4. Manche Männer haben ihn sehr ausgeprägt, den **Adamsapfel.**

5. Hat man ihn endlich gefunden, den Schuldigen, so ist er **der Sündenbock.**

6. **Von Pontius zu Pilatus** geschickt wird man leider auf so manchen Ämtern.

7. Manches tut man wirklich nur **alle Jubeljahre** mal.

8. Ein guter Rat: **Lerne leiden, ohne zu klagen!**

9. **Im Dunkeln tappen** muss der, der keinen Durchblick hat.

10. **Sieh da, sieh da, Timotheus,** das hätte man nun wirklich nicht gedacht!

11. **Von gestern** ist derjenige, der nicht die Bibel liest.

12. Manches alte Kamel hat man wohl vergessen, **in die Wüste zu schicken.**

13. Um mein Ziel zu erreichen, setze ich **Himmel und Hölle in Bewegung!**

14. Wer so richtig krank ist, der ist ein **armer Lazarus.**

15. **Wer anderen eine Grube gräbt, fällt selbst hinein!** Pech aber auch!

16. **Lange Rede, kurzer Sinn,** na, da hätte man sich manches sparen können!

Übrigens:

> Das Fettgedruckte ist das Sprichwort/die Redewendung. Ist doch logo, oder?

> Der eingerückte Text stammt nicht aus der Bibel

Die altbekannten Redewendungen gehen – soweit biblisch – auf den alten Luthertext zurück, finden sich oft auch wörtlich im unrevidierten und revidierten Elberfelder Text!
Bei allen Redewendungen, die aus der Bibel stammen, habe ich an den Anfang die Bibelstelle gesetzt:

1. (2. Mose 1,14): Die Ägypter machen dem Volk Israel durch die harte Arbeit das Leben sauer.

2. Wahlspruch des von Benedikt von Nursia um 529 n. Chr. gegründeten Benedikterordens (ora et labora).

3. (2. Samuel 8,18): Abkürzung für Kerethiter und Pelethiter (siehe dazu auch Anmerkung in der unrevidierten Elberfelder Übersetzung)

4. Ist natürlich absoluter Quatsch. Genauso wie der alte Volksglaube, auf dem dieser Ausdruck basiert: Danach soll Adam ein Stück des Apfels im Hals stecken geblieben sein, deshalb nennt man tatsächlich den Kehlkopf des Mannes heute noch Adamsapfel.

5. (3. Mose 16,20-22): Aaron soll seine Hände auf den Kopf des lebenden Ziegenbocks legen und auf ihn alle Sünden des

Volkes Israel bekennen. Damit werden symbolisch alle Vergehen der Israeliten auf diesen Bock gelegt, der dann in die Wüste geschickt wird als Zeichen, dass die Sünden weggetan sind.

Diese Symbolik ist ein Vorbild auf den Jesus Christus, der alle Sünden der gesamten Menschheit auf sich genommen und diese für immer an einen für Gott, Menschen und Teufel unerreichbaren Ort getragen hat (die Bibel nennt es bildhaft die „tiefste Stelle des Meeres"). Diese Sündenbefreiung gilt für jeden, der seine Schuld an Jesus Christus abgegeben hat. Vielleicht sollten wir den unbedachten Gebrauch dieser Redewendung einmal überdenken…

6. Wenn schon, dann müsste es ja wohl von Herodes zu Pilatus heißen.

7. (3. Mose 25,11ff.): Geht zurück auf das Jubeljahr; es ist jedes 50. Jahr, das mit dem Schall der Posaune als heiliges Jahr angekündigt wurde.

8. Pech gehabt! Ausspruch Kaiser Friedrichs III. (1831-1888).

9. (5. Mose 28, 29): Und du wirst tappen im Mittage, wie ein Blinder tappet im Dunkeln (es geht um den, der die Stimme Gottes missachtet).

10. Na klar, war ja auch zu blöd. Ist natürlich von Schiller (Die Kraniche des Ibykus).

11. (Hiob 8,9) Denn wir sind von gestern und erkennen nicht, denn ein Schatten sind unsere Tage auf der Erde.

12. Siehe auch Erklärung zu Punkt 5!

13. Allerdings gibt es „Himmel und Erde in Bewegung setzen" (Haggai 2,6 u. 21).

14. (Lukas 16,20) Wieso war Lazarus eigentlich arm? Materiell vielleicht, krank auch, aber eigentlich ist er doch der Reiche, oder?

15. Sprüche 6,27.

16. Na klar, stammt von Schiller und heißt wörtlich: Der langen Rede kurzer Sinn!

Es sllo ja kovkomnem dsas Mnenschne vesrsagne udn schiludg wedren. Nur gtu, dsas Gtot auf unesre Fheler anreds regiaert, asl wri es egienltcih gewhont snid. Er libet uns terodtzm und knan sagor aus usenrem Danurechinder und usenern Fehelrn ncoh heresaunlseen, dsas wir uns etienglcih ncah sneier Lebie snehen, acuh wnen das äeußirlch kuam zu eknrenen ist. Ifnorminatoen üebr dseie bednigonugslse Lbeie aus 1. Hnad feidnst du in der Beibl.

Stehen folgende Sprichwörter und Redewendungen in der Bibel?

Man kann diese Aufstellung auch als Quiz gestalten. Hierfür habe ich die Texte, die nicht in der Bibel stehen, eingerückt.

1. Wenn dich die bösen Buben locken, so folge nicht. (Sprüche 1,10)

2. Lässige Hand macht arm, aber der Fleißigen Hand macht reich. (Sprüche 10,4)

> 3. Ohne Fleiß kein Preis.

4. Ein schönes Weib ohne Zucht ist wie eine Sau mit einem goldenen Armband. (Sprüche 11,22)

5. Hochmut kommt vor dem Fall. (Sprüche 16,18)

> 6. Red was wahr ist, iss was gar ist, trink was klar ist. (Martin Luther)
>
> 7. Nach uns die Sintflut. (Marquise Pompadour)

8. Ein Nachbar in der Nähe ist besser als ein Bruder in der Ferne. (Sprüche 27,10)

> 9. Gleich und gleich gesellt sich gern.
>
> 10. Frisch, fromm, fröhlich, frei. (Turnvater Jahn)
>
> 11. Pünktlichkeit ist die Höflichkeit der Könige. (Ludwig XVIII.)

12. Es ist besser ein Gericht Kraut mit Liebe, als ein gemästeter Ochse mit Hass. (Sprüche 15,17)

> 13. Hunger ist der beste Koch. (Sokrates)

14. Geh mir aus der Sonne! (Diogenes)

15. Hüte dich, dass du nicht mehr vor meine Augen kommst. (2. Mose 10,28)

16. Auge um Auge, Zahn um Zahn. (2. Mose 21,24; 3. Mose 24,20 und Mathäus 5,38)

17. Ein Fauler wendet sich im Bette, wie die Tür in der Angel. (Sprüche 26,14)

18. Warum kümmerst du dich um den Splitter im Auge deines Bruders und bemerkst nicht den Balken in deinem eigenen? (Mathäus 7,4)

19. Erst wägen, dann wagen. (Graf Moltke)

20. Den Seinen gibt's der Herr im Schlaf. (Matthäus 6,3)

21. Lass deine linke Hand nicht wissen, was die rechte tut.

22. Wer nicht arbeiten will, soll auch nicht essen. (2. Thessalonicher 3,10)

23. Wer's glaubt wird selig. (Markus 16,16)

24. Seefahrt ist not. (Gorch Fock)

25. Lass fahren dahin. (Martin Luther: Ein feste Burg)

26. Der Mensch denkt, Gott lenkt. (Sprüche 16,9)

27. Edel sei der Mensch, hilfreich und gut. (Goethes Gedicht „Das Göttliche")

28. Wie ein Affe auf dem Schleifstein. (Volksmund)

29. Den Wald vor lauter Bäumen nicht sehen. (Ovid/34 vor Christus)

30. Meines Lebens schönster Traum hängt an einem Apfelbaum. (Wilhelm Busch, Max und Moritz)

31. Der langen Rede kurzer Sinn. (Schiller)

32. Das eine tun und das andere nicht lassen. (Matthäus 23,23)

33. Wer Wind sät, wird Sturm ernten. (Hosea 8,7)

34. Die Haare stehen mir zu Berge. (Hiob 4,15)

35. Seine Worte auf die Goldwaage legen. (Sirach 21,27)

Gott ruft Putin, Schröder und Bush an und sagt ihnen, dass er am Jahresende mit der Welt Schluss macht. Bush daraufhin an sein Volk: „Es gibt eine gute und eine schlechte Nachricht: Die gute, es gibt Gott. Die schlechte, am Ende der Jahres ist Weltende."
Putin an sein Volk: „Es gibt zwei schlechte Nachrichten: 1. Es gibt Gott. 2. Am Ende des Jahres ist Weltende."
Schröder an sein Volk: „Es gibt zwei gute Nachrichten: 1. Es gibt Gott und 2. Ich kann bis ans Ende der Welt Bundeskanzler bleiben."

Der neue Kastellan ist ein Besserwisser und ein Moralist dazu. Während die anderen einem Schoppen Wein nicht abgeneigt sind, sitzt er dabei und trinkt pures Wasser oder Milch. Einmal kann er nicht mehr an sich halten. „Jesus Christus hat bestimmt nicht so viel getrunken wie ihr“, rügt er den Kirchenrat. „Und wie war das bei der Hochzeit zu Kana?“ fragt der Kirchenälteste schlagfertig. „Na ja“, lenkt der Herr Kastellan pikiert ein, „aber da wäre er besser auch nicht hingegangen.“

Ein Rebbe geht am Sabbat spazieren und sieht eine Geldbörse auf der Erde liegen. Ihn überkommen aber starke Zweifel, ob er mit dem Aufheben schon gegen die Sabbatruhe verstößt.
Plötzlich fällt er auf die Knie und ruft laut aus: „Danke, o Herr, für dieses Wunder. Ringsum ist Sabbat, aber an dieser Stelle ist schon Montag!"

Ein Straßenevangelist wurde mehrmals von einem Zwischenrufer gestört. „Wo hatte Kain seine Frau her?“, kam die nächste Frage. Der Evangelist erkannte, dass er überhaupt nicht weiterkommen würde, wenn er auf diesen Störenfried nicht eingehen würde. „Ich weiß es nicht. Wenn ich Kain im Himmel sehe, werde ich ihn fragen“, antwortete er. „Und was ist, wenn er es nicht geschafft hat, in den Himmel zu kommen?“, bohrte der Zwischenrufer weiter. „Dann können Sie ihn ja fragen.“

Der Bischof besuchte die Schule. Im Religionsunterricht fragte er den kleinen Hansi, wer wohl die Mauern von Jericho zerstört hatte. Hansi erwiderte, dass er das nicht wisse, aber er sei es auf gar keinen Fall gewesen.
Der Bischof war einigermaßen erschüttert von dieser Antwort und ging mit dem kleinen Hansi zum Klassenlehrer und erzählte ihm den ganzen Vorfall. Der Klassenlehrer sagte darauf hin, dass er den kleinen Hansi und seine Familie sehr gut kenne, und wenn Hansi sage, er habe es nicht getan, dann könne man ihm ruhig Glauben schenken. Jetzt war der Bischof zutiefst erschüttert und er ging zum Rektor und erzählte ihm empört nochmals den ganzen Vorfall. Der Rektor hörte ihm zu und sagte dann: „Also, ich weiß wirklich nicht, warum Sie sich da so aufregen. Wir holen uns einfach drei Kostenvoranschläge herein und reparieren diese blöde Mauer!“

„Am nächsten Sonntag möchte ich über die Wahrheit predigen“, erklärt der Pfarrer von der Kanzel herunter. „Zur Vorbereitung des Themas bitte ich die Gemeinde, das Kapital 22 des Johannesevangeliums zu lesen.“ Eine Woche später steht der Pfarrer wieder auf der Kanzel. Er fragt: „Wer hat Johannes 22 gelesen?“ Viele Hände gehen hoch. „Das Johannesevangelium hat leider nur 21 Kapitel“, sagt der Pfarrer. „Und jetzt zu meiner Predigt über Ehrlichkeit.“

Ein Baptist und ein Lutheraner streiten sich über die Taufe. Der Lutheraner sagt: „Bruder, wenn ich bis zu den Knöcheln im Wasser

JERICHO
JÖRG

stehe – bin ich dann getauft?“ Der Baptist erwidert: „Nein, das reicht nicht.“ – „Und wenn ich bis zu den Knien im Wasser stehe?“– „Nein, auch nicht.“ – „Na gut, bis zum Bauch? Ist das genug?“ – „Nein.“ – „Also gut“, sagt schließlich der Lutheraner, „was ist, wenn mir das Wasser hier oben bis über die Augenbrauen steht – bin ich dann getauft?“ – „Tut mir leid“, entgegnet der Baptist, „nicht einmal das genügt.“ – „Siehst du, und genau das versuche ich dir die ganze Zeit zu erklären: Das einzige, was zählt, ist das kleine Stück hier oben am Kopf!“

Sagt eine Nonne zur anderen: „Tja, jetzt sind so viele schöne Sachen von dem kalten Buffet von gestern übrig geblieben. Pack alles in einen Korb und bring ihn den Bauarbeitern gegenüber. Aber stelle ihnen eine Frage, ob sie denn auch fromm sind.“ Die Nonne geht rüber zu den Bauarbeitern. Den ersten, den sie trifft, spricht sie an: „Ich bringe etwas zu essen. Aber vorher noch eine Frage: Kennst du Pontius Pilatus?“ Der Bauarbeiter grübelt, ruft dann zu seinem Kollegen ein Stockwerk höher: „Sag mal, kennste Pontius Pilatus?“ Der schüttelt den Kopf und ruft zum Nachbargerüst: „Ej, is Pontius da?“ Dann ruft er zu seinem Kollegen: „Nö. Aber was willste denn von dem?“ „Ja, hier is seine Olle, die will ihm das Essen bringen!“

Fragte kürzlich einer, warum es Maria Himmelfahrt und Christi Himmelfahrt gäbe. Warum die sich nicht auf einen Tag geeinigt hätten, dann hätten sie doch eine Fahrgemeinschaft bilden können.

Fragt Gott, als er Adam geschaffen hatte: „Sag mal, hast du Lust auf ein Gegenüber, das dir entspricht?“ Adam: „Hätte nichts dage-

gen." Gott: „Ein Problem gibt es aber, dazu bräuchte ich deinen Verstand." Fragt Adam: „Meinen Verstand? Gibt's auch schon was für ne Rippe?"
PS: Er hätte ja gerne die Frau aus dem Verstand des Mannes gemacht, aber er fand keinen.

Adam fragt Gott: „Warum ist Eva so schön?" – „Damit du sie magst." – „Und warum ist sie so dumm?" – „Damit sie dich mag."

„Jonas, wie stellst du dir das Land vor, in dem Milch und Honig fließen?", fragt der Pfarrer im Religionsunterricht. „Klebrig", antwortet Jonas.

Ein Mönch liegt mit Grippe im Bett. Der Arzt wird gerufen und verschreibt ihm Medizin. Dann sagt er zum Abt: „Sie brauchen sich keine Sorgen um Ihren Mitbruder zu machen, in ein paar Tagen haben wir ihn wieder auf den Knien."

Neulich in einem kleinen Betrieb. „Glauben Sie an ein Leben nach dem Tod?", fragt der Boss seinen Angestellten. – „Ja, natürlich." – „Aha, dann ist ja alles in Ordnung. Denn kurz nachdem Sie gestern zum Begräbnis Ihrer Großmutter gingen, kam die alte Dame vorbei, um Sie zu besuchen ..."

Nichtsnutz!
Flasche!
Niete!
Geh weg!
Nutzlos!
Lass das!
Pappnase !
Hör auf !
Du tauchst nix!
bist nix!
hast nix!
kannst nix!
du bringst es zu nix!
du schafft es doch nicht!
Doofmann!
Sage ich doch!
Schwarzes Schaf!
Versager!
Blödmann!
Geh mir aus dem Weg!
Typisch!
Auf dich können wir verzichten!
Arschloch!
Weg da!
Fang doch erst gar nicht an!
Dummkopf!
Hau ab!
Aus dir wird nie was!
Geh stiften!
Ich kann dich nicht riechen!
BIEST!

Jesaja 43,1 „**Fürchte dich nicht**, denn ich habe dich erlöst; ich rief dich bei deinem Namen; du gehörst mir."

Hebräer 3,1 „Darum, ihr gottgeweihten Brüder, **Mitteilhaber der himmlischen Berufung**, schaut hin auf Jesus ..."

Johannes 1,12 „Aber allen, die ihn aufnahmen und ihm Glauben schenkten, **verlieh er das Recht, Kinder Gottes zu werden ...**"

Psalm 8,6 „**Nur ein wenig kleiner hast du ihn gemacht als die himmlischen Wesen, mit Ehre und Würde hast du ihn gekrönt...**"

Epheser 1,3-5 „.... in ihm hat er **eine Fülle geistlichen Segens über uns ausgeschüttet** ... in ihm hat er uns **auserwählt ... seine Söhne dürfen wir sein.**"

Epheser 5,8 „Auch ihr gehörtet einst zur Finsternis, ja, ihr wart selbst Finsternis, **aber jetzt seid ihr Licht**, weil ihr mit dem Herrn verbunden seid. Lebt nun auch als Menschen des Lichts! ..."

Psalm 139,13-16 „Du hast mich geschaffen mit Leib und Geist, mich zusammengefügt im Schoß meiner Mutter. Dafür danke ich dir. Es erfüllt mich mit Ehrfurcht. **An mir selber erkenne ich: Alle deine Taten sind Wunder ...**"

Zephanja 3,17 „Der HERR, dein Gott, ist in deinen Mauern, er ist mächtig und hilft dir. **Er hat Freude an dir**, er droht dir nicht mehr, **denn er liebt dich; er jubelt laut, wenn er dich sieht.**"

Johannes 15,16 „**Freunde habe ich euch genannt**, weil ich euch alles, was ich von meinem Vater gehört habe, kundgetan habe."

Ein schöner Rücken kann auch entzücken

ab 8 Personen
ab 8 Jahren
ab 5 Minuten

Charakter des Spiels: kniffelig, leichter Wettbewerb, Bibelkenntnis ist nötig
Material: vorbereitete Zettel, Tesafilm oder Sicherheitsnadeln

Jeder bekommt einen Zettel mit einem Begriff aus dem Bereich Bibel, Glaube, Kirche, Gott mit Tesa auf den Rücken geklebt (oder mit einer Sicherheitsnadel angesteckt). Jeder weiß das Wort des anderen, aber nicht sein eigenes. Jetzt stellen sich immer zwei zusammen, stellen sich gegenseitig und abwechselnd Fragen, bis der Erste seinen Begriff erraten hat. Die Fragen dürfen nur mit Ja oder Nein beantwortet werden. Zum Beispiel: „Komme ich im Neuen Testament vor?“, oder: „Bin ich ein Tier?“ usw.

Papst – Magdalena – Kirchentag – Himmel – Hölle – Kain – Kollekte – Liebe – Zweifel – Adam – Katholisch – Jesus Christus – Orgel – Heiliger Geist – Kirchenvorstand – Hochzeit zu Kana – Tod – Ulmer Münster – Frieden – Abel – Paulus – Krieg – Der gute Hirte – Kirchensteuer – Ernte – Arche Noah – Adam – Alpha & Omega – Sekte – Johannes der Täufer – Maria – Sünde – Josef – Vergebung

Bibel-Lego

ab 2 Personen
ab 7 Jahren
ab 5 Minuten

Charakter des Spiels: kniffelig, wenig Wettbewerb, etwas Bibelkenntnis ist nötig
Material: genügend Legosteine

Ihr schüttet alle vorhandenen Legosteine in die Mitte (des Tisches/auf den Boden). Jede Person bekommt (heimlich) einen Begriff genannt und soll diesen Begriff mit Legosteinen darstellen oder bauen. Dazu hat jeder 5 Minuten. Nun versucht jeder, den Begriff der anderen zu raten. Erst am Ende einer Raterunde wird verraten, wie der Begriff hieß. Alle, die richtig geraten haben, bekommen einen Punkt. Jetzt ist der nächste Spieler mit seinem Begriff dran usw. Wer am Ende die meisten Begriffe geraten hat, hat gewonnen.

Hier ein paar Beispiele von Begriffen, die man mit Legosteinen bauen, darstellen oder legen könnte:

Kirche – Bibel – Taufe – Kerze – Arche Noah – Pfarrer – Hochzeit – Beerdigung

„Profis" können auch als ganze Gruppe biblische Geschichte nachbauen.

Hier gibt‘s dann keinen Wettbewerb, sondern das Endergebnis in einem Gruppenprozess steht im Mittelpunkt, z.B.

Die Speisung der 5000 – Die Geschichte vom Verlorenen Sohn Die Hochzeit zu Kana – Versuchung im Paradies – Die 10 Gebote – usw.

Es gibt doch tatsächlich eine Lego-Bibel. Schau mal unter **www.thebricktestament.com**

In 1. Mose 8,21-22 steht u.a.: *„Denn das Dichten und Trachten des menschlichen Herzens ist böse von Jugend an."* Ich habe jetzt von einem meiner Jungschar-Kinder gehört, dass sich Eltern bei der Religionslehrerin über diesen Spruch in der Bibel beschwert haben, dass jeder Mensch ein Sünder sei. Die Lehrerin hat daraufhin den Eltern in der Schule den Tipp gegeben, den Spruch doch mit Tipp-Ex aus der Bibel zu entfernen, wem er nicht passt.

Das wäre ja echt schön, wenn ich mit Tipp-Ex Sünde beseitigen könnte! Das ist fast so erfolgreich, als wenn ich mit einem Schnapsglas den Ozean umfüllen könnte in einen anderen Bereich. Aber bitte, versuchen können wir's ja mal ...

Turmbau zu Babel

ab 4 Personen
ab 8 Jahren
ca. 5 bis 10 Minuten

Charakter des Spiels: etwas kniffelig, hektisch, Wettbewerb, keine Bibelkenntnis nötig
Material: 20-30 Stühle

Ihr teilt eure Gruppe in zwei Mannschaften. Jetzt versucht auf Kommando, jede Gruppe einen Stuhlturm zu bauen, d.h. jede Gruppe stellt vor sich einen Stuhl. Auf diesen werden jetzt für eine bestimmte Zeit so viele Stühle wie möglich aufgestapelt, eingeklemmt, reingesteckt usw. Die typischen Stapelstühle dürfen natürlich nicht stapelmäßig zusammengestellt, sondern müssen irgendwie anders aufgestapelt werden. Wie ihr die Stühle aufbaut, bleibt ganz eurer Fantasie überlassen. Der Stuhlturm darf am Ende nur auf den vier Beinen des ersten Stuhls stehen, kein weiteres Bein eines anderen Stuhls darf die Erde berühren.

Welche Gruppe hat innerhalb von zwei Minuten den höchsten Turm gebaut?

Das große Noah-Kommunikationsspiel

ab 3 Personen
ab 8 Jahren
ca. 30 bis 60 Minuten

Charakter des Spiels: spannend, witzig-verrückt, kein Wettbewerb, keine besondere Bibelkenntnis nötig
Material: -

Die Spieler sitzen in der Runde und beantworten abwechselnd eine Frage oder lösen eine Aufgabe, die ein Spielleiter vorliest. Ziel ist nicht zu gewinnen, höchstens an Einsicht und Wissen. Nehmt euch Zeit beim Beantworten. Stellt Rückfragen, wenn etwas unklar ist. Keiner darf aber in die Enge getrieben werden, wenn er bestimmte Fragen nicht ausführlich beantworten will oder kann!!! Je mehr Gelassenheit und Spaß am Lösen der Aufgabe im Mittelpunkt stehen, desto mehr Freude macht es jedem Spielteilnehmer!

1. Noah soll eine ARCHE bauen.
a) Nenne drei weitere berühmte Schiffsnamen.
b) Nenne fünf Wasserfahrzeuge.

2. Wie soll sich die ARCHE fortbewegen?
a) Nenne fünf Antriebsarten für Wasserfahrzeuge
b) Nenne fünf Orientierungshilfen auf hoher See.

3. Gott empfiehlt Noah Tannenholz.
a) Nenne vier Nadelbäume.
b) Nenne vier Edelhölzer (für die Arche innen).

4. Noah interessiert sich für Baumstämme.
a) Aber es gibt noch mehr Bestandteile eines Baumes. Nenne fünf.
b) Noahs Frau denkt mehr an genießbare Baumfrüchte. Nenne zehn.

5. Beim Holzfällen verletzt sich Noah den Fuß.
Wann hast du dich das letzte Mal verletzt? Was ist passiert?

6. Noah motiviert seine drei Söhne, mitzuarbeiten.
Kannst du ein gutes Beispiel von Zusammenarbeit zwischen Jung und Alt aus deiner Familie erzählen?

7. Jetzt geht's an die Arbeit.
a) Nenne fünf Werkzeuge zur Holzbearbeitung.
b) Nenne fünf handwerkliche Tätigkeiten im Laufe der Holzverarbeitung.

8. Noah hat die Maße verwechselt.
Was war dein größter Fehler in den letzten drei Monaten?

9. Heute ist gute Stimmung auf dem Bau.
a) Singe die erste Strophe des Liedes „Danke für diesen guten Morgen".
b) Singe die erste Strophe von „O Tannenbaum".

10. Trotz seines Alters hält sich Noah täglich fit.
a) Mache fünfzehn Kniebeugen.
b) Mache zehn Liegestütze

11. Noahs Söhne machen Überstunden.
Was macht dir zurzeit am meisten Stress?

12. Was für ein Krach auf der Baustelle!
Imitiere das Geräusch einer Säge, eines Hobels und eines Hammers, der abwechselnd auf Holz und auf den Nagel trifft.

13. Die ersten Nachbarn spotten über den Schiffsbau in der Wüste.
a) Nenne ungewöhnliche Situationen, wo andere über dich gespottet haben oder spotten könnten.
b) Versetze dich in Noahs Lage und erkläre den Mitspielern (Spöttern) deinen ungewöhnlichen Plan.

14. Noah plant die Raumaufteilung.
a) Nenne drei Tiere, die über 2 Meter Gesamthöhe haben (Wale brauchen nicht in die Arche).
b) Nenne sieben Tiere, die kürzer sind als 5 cm.

15. Noah schreibt Schildchen an Boxen und Ställe.
a) Nenne vier Tierarten, bei denen Männchen, Weibchen und Kinder eigene Namen haben (z.B. Hahn/Henne/Küken).
b) Wenn du zu entscheiden hättest – welche Tiere würdest du lieber nicht mitnehmen und warum nicht?

16. Noahs Söhne verlangen eine Gehaltserhöhung.
Wofür hast du in letzter Zeit am meisten Geld ausgegeben?

17. Die Nachbarn haben wichtiges Werkzeug mitgenommen.
Wie gehst du mit Personen um, die z.B. Werkzeug bei dir ausleihen, es dir aber nicht von sich aus zurückbringen?

18. Die Arche ist fertig!

a) Lade deine Mitspieler zu einem Richtfest ein:
Innerhalb der nächsten vier Wochen wahlweise
1. zum Kaffeetrinken,
2. zu einem Fernsehabend mit Gespräch,
3. zu einem Gottesdienst,
4. zu einem Konzert oder
5. zum nächsten Spielabend.

b) Halte zum Stapellauf eine zweiminütige Rede.

19. Noah geht auf Tierfang.

a) Nenne fünf Arten, Tiere lebend zu fangen.

b) Nenne in 15 Sekunden so viele Tiere, wie dir einfallen.

20. Frau Noah richtet die Speisekammer ein.

a) Nenne fünf Lebensmittel, die ohne Kühlung 150 Tage haltbar sind (Konserven gab's damals noch nicht).

b) Nenne sieben Tiere und ihr typisches Futter.

21. Ein Schwiegersohn möchte nicht mitfahren.

Kannst du einen Generationskonflikt aus deiner Familie offen, ehrlich und wahrheitsgemäß schildern?

22. Noah erzählt einem Nachbarn von der schönen Wendeltreppe im Schiffsinneren, muss aber mit beiden Händen die Ziegen festhalten.

a) Beschreibe die Wendeltreppe ohne Handbewegung.

b) Der Nachbar fände eine Drehtür viel passender. Beschreibe sie ohne Handbewegung.

23. Es fängt an zu regnen.

a) Nenne fünf Möglichkeiten, einen verregneten Nachmittag sinnvoll mit der Familie zu verbringen.

b) In manchen Gegenden der Erde regnet es sehr selten. Nenne vier solcher Länder. Könntet ihr gemeinsam nicht nächsten Monat einen größeren Betrag an eine Hilfsorganisation zugunsten der Dritten Welt spenden?

24. Die Arche schwimmt, Noah wird seekrank.

Wann war dir das letzte Mal richtig übel und warum?

25. Sem und Japhet merken, dass ein Storchenpaar fehlt.

Steh auf einem Bein, wie lange schaffst du es?

26. Noah schickt Rabe und Taube aus, um nach Land zu suchen.

a) Nenne fünf Situationen, bei denen du auf die Hilfe anderer angewiesen bist.

b) Nenne drei Vögel, die keine längere Strecke fliegen können.

27. Die Arche ist auf Grund gelaufen. Unter den Nashörnern bricht eine Panik aus.

Wann und warum warst du zum letzten Mal richtig wütend?

28. Man wartet auf das Absickern des Wassers, nachdem die Arche auf Grund gelaufen ist.

Sing eine Liedstrophe, die irgendetwas mit Wasser zu tun hat.

29. Das Wasser ist abgelaufen, man könnte aus der Arche raus, aber die Tür klemmt.
Bist du eher geduldig oder ungeduldig in schwierigen Situationen?

30. Gott setzt den Regenbogen als Symbol der Treue und Vergebung an den Himmel.
a) Nenne alle Farben des Regenbogens.
b) Kannst du ein Beispiel von Vergebung aus jüngerer Zeit erzählen?

31. Noah ist der erste Weinbauer.
a) Nenne drei berühmte europäische Weinanbaugebiete und drei Weine.
b) Nenne drei Verwendungszwecke für Weintrauben heutzutage.

32. Die Arche verrottet auf dem Berge Ararat.
a) Nenne drei bekannte Berge und Gebirge.
b) Nenne etwas, das dir sehr wichtig war, von dem du dich aber trennen musstest.

Früchte-Teppich

Gestalten und legen Sie doch mal zum Erntedankfest in Ihrer Kirche, vor dem Altar oder in das Seitenschiff Ihrer Kirche einen Früchte-Teppich. Mit verschiedenen Früchten, unterschiedlicher Farbe gestalten Sie eine biblische Geschichte oder Szene. Am besten, Sie malen das, was Sie legen wollen, erst mal auf Papier. Zuerst in Kleinformat DIN A4. Wenn Ihnen das Bild oder die Sequenzen gefallen, übertragen Sie das Bild auf größere Papiervorlagen und belegen dann die Vorlagen mit entsprechenden Früchten, Samen und Körnern. Man kann auch eine ganze Woche damit gestalten. Jeden Tag wird ein anderes Bild gelegt, z.B. die Geschichte vom Verlorenen Sohn (Montag bis Sonntag):

1. Bild „Der Sohn steht fordernd vor dem Vater und nimmt den Geldbeutel entgegen."
2. Bild „Der Sohn verlässt sein Vaterhaus."
3. Bild „Der Sohn verprasst das Geld."
4. Bild „Er landet bei den Schweinen."
5. Bild „Er kommt nach Hause."
6. Bild „Der Vater umarmt ihn."
7. Bild „Es wird ein Willkommensfest gefeiert."

So kann man sich irren

Ein Gast zitiert in einer Talkshow: »Wie schon Goethe sagte: Der Mensch lebt nicht vom Brot allein.«
Ein Journalist korrigiert ihn: »Das war Brecht, nicht Goethe.«

Beide irren, denn es war Jesus: „Der Mensch lebt nicht vom Brot allein, sondern von einem jeden Wort, das aus dem Munde Gottes geht." *Matthäus 44*

25 Jahre

> Die ersten 25 Jahre gehen wir in den Kindergarten, in die Schule, an die Uni oder in die Lehre,
> ... um die nächsten 25 Jahre zu arbeiten und uns Sachen zu kaufen,
> ... die wir dann in den letzten 25 Jahren wieder vererben, verschenken, wegwerfen oder bei eBay verkaufen.

Wie, und das soll alles sein? Das meinen Sie doch nicht ernst, oder?!

Prediger 5, 9-16 „Wer Geld liebt, wird vom Geld niemals satt, und wer Reichtum liebt, wird keinen Nutzen davon haben. Das ist auch eitel. Denn wo viele Güter sind, da sind viele, die sie aufessen; und was hat ihr Besitzer mehr davon als das Nachsehen? Wer arbeitet, dem ist der Schlaf süß, er habe wenig oder viel gegessen; aber die Fülle lässt den Reichen nicht schlafen.
Es ist ein böses Übel, das ich sah unter der Sonne: Reichtum, wohl verwahrt, wird zum Schaden dem, der ihn hat. Denn der Reiche kommt um durch ein böses Geschick, und wenn er einen Sohn gezeugt hat, dem bleibt nichts in der Hand. Wie einer nackt von seiner Mutter Leibe gekommen ist, so fährt er wieder dahin, wie er gekommen ist, und trotz seiner Mühe nimmt er nichts mit sich in seiner Hand, wenn er dahinfährt. Das ist ein böses Übel, dass er dahinfährt, wie er gekommen ist. Was hilft's ihm denn, dass er in den Wind gearbeitet hat?"

Auf der ganzen Welt gibt es etwa 40 Millionen Gesetze, und das nur um den 10 Geboten Geltung zu verschaffen.

Christen sind die einzige Bibel, in der die Öffentlichkeit noch liest, fragt sich nur, welche Übersetzung wir sind …

Der Mensch denkt und Gott lacht.
(Psalm 2,1-4)

Die Bibel bringt nicht für jeden etwas, sondern alles für jeden Menschen.

Die Bibel ist wie eine Straßenkarte des Lebens.

Die Bibel ist ein uns geschenktes wundersames Bankkonto der Unendlichkeit: Je verschwenderischer wir davon abheben und es seelisch verwerten, desto größer wird unser geistiges Vermögen werden.

Die 10 Gebote Gottes sind deshalb so klar und verständlich, weil sie ohne Mitwirkung einer Sachverständigenkommission zustande gekommen sind.

Es gibt fünf Evangelien:
Matthäus, Markus, Lukas, Johannes und das Leben der Christen. Einige lesen nie die ersten vier.

Es ist unglaublich, was die Menschen alles glauben, solange es nicht in der Bibel steht.

Es gibt Leute, die kennen sich im Endzeitplan Gottes besser aus als bei den Hausaufgaben ihrer Kinder.

Gott ist dir näher als du meiner Stoßstange.
(Psalm 139,1-6)

Gott hat deine Haare auf dem Kopf gezählt, können wir in Lukas 12 Vers 7 lesen. Bei manchen Männern ist er ja zum Glück schnell am Ende …

Ich steh länger vor dem Spiegel, um mein Outfit zu stylen, als dass ich vor der Bibel sitze, um an meinem Infit zu arbeiten.

Jesus nahm nie an einer Beerdigung teil, die er nicht selber ausfallen ließ.

Lieber eine Bibel im Handschuhfach als einen Fisch auf dem Kofferraum.

Man kann sich den ganzen Tag aufregen, man ist aber nicht verpflichtet dazu.
(Psalm 37,1-7)

Nicht das regt mich auf, was ich an der Bibel nicht verstehe, sondern das, was ich verstanden habe.

Nirgendwo gibt es so viele Überraschungen, so viele Gereimtheiten und Ungereimtheiten, so viele Wahrheiten und so viel Bedenkenswertes wie in der Bibel, dem Buch der Bücher.

Wenn Mose die Basis befragt hätte, würden wir heute immer noch Kälber anbeten.

Wer Gott allein in der Natur sucht, sollte sich auch vom Oberförster beerdigen lassen.
(Jesaja 44,9-20)

Wer seine Bibel nicht liest, hat keinen Vorteil gegenüber einem Menschen, der keine Bibel hat.

Der Mensch stammt nicht vom Affen ab, viel schlimmer:
von Erde!
1. Mose 2,7 „Da nahm Gott, der HERR, Staub von der Erde, formte daraus den Menschen und blies ihm den Lebensatem in die Nase. So wurde der Mensch ein lebendes Wesen."

Bibellesen schützt vor Fanatismus!

Manche stille Zeit ist so still, dass sie zum Himmel schreit!

Wusstest du schon, dass die Mailserver des Apostels Paulus auch schon mit Spams zu kämpfen hatten? (etwa Römer 16,17)

Wenn du einiges aus der Bibel (noch) nicht verstehst, warte einfach 20 Jahre ab, und du ahnst vielleicht, was mit bestimmten Aussagen gemeint sein könnte.

Allgemeines Ent-setzen

Ja, meine Damen und Herren, ein Stuhl!
Andächtig und ehrfurchtsvoll sollten wir mit ihm umgehen. Handelt es sich doch um einen der bedeutendsten Kultgegenstände unserer Zeit.
Wenn der moderne Mensch zur Arbeit geht, dann setzt er sich hin an Computerschirme, an Registrierkassen, Konferenztische. Und wenn er frei hat und darf nach Hause gehen, dann setzt er sich gleich wieder hinter sein Steuer, an den Esstisch, vor den Fernseher, an die Theke oder womöglich noch zu einem Vortrag zum Thema „Aufstehen".

Mit anderen Worten: Der moderne Mensch sitzt sein Leben ab wie mancher eine Gefängnisstrafe.
Wir müssen uns allerdings auch der Gefahr bewusst sein, in die wir uns damit begeben. Es könnte nämlich sein, dass man uns anschließend die deutsche Staatsbürgerschaft aberkennt und uns in Abschiebehaft nimmt.
Wer das Sitzen verweigert, der ist womöglich auch noch zu ganz anderem fähig. Wer heute aufsteht, ist vielleicht morgen schon ein Aufständischer!? Und übermorgen streunt er herum: Nomaden.
Der Deutsche hingegen ist sesshaft! Er hat seinen Wohnsitz, wo er sein Eigentum sammelt, das er dann besitzt. Deutscher im Sinne des Grundgesetzes ist eigentlich nur, wer etwas besitzt. My Po ist my castle, ich sitze, also bin ich. Das geht ja im Grunde schon los bei der Geburt.

Die erste Aufgabe, die deutsche Eltern mit ihrem Kind zu erledigen haben, ist ja bekanntlich die, dass sie es in die Welt set-

zen. Da ist die deutsche Sprache wunderbar direkt, oder?!
Und auch am anderen Ende des Lebens ist dafür gesorgt, dass der deutsche Mensch auf dem Weg in die Ewigkeit nicht womöglich noch eine neue Körperhaltung einnimmt. Dann wird er nämlich beigesetzt.
Ja, da verliert der Tod dann seine Schrecken.

Denn für jemanden, der sich immer nur irgendwo hingesetzt hat, ist ja das ganze Leben schon so etwas wie eine vorweggenommene Beisetzung.

Die Biologie hat den Mensch zwar einst definiert über den aufrechten Gang: homo erectus, der Aufgerichtete – aber wo gibt's den denn heute überhaupt noch? Gott hat das übrigens gar nicht gewollt, dass wir sitzen. Ja! Das haben die Orthopäden herausgefunden! Der Mensch sei nicht fürs Sitzen geschaffen! Von seinem ganzen Körperbau her nicht! Jedenfalls nicht für länger, und schon gar nicht auf Sitzmöbeln!
Bei Strafe von jeder Menge Rückenproblemen!

Aber wir haben ja selbst noch das Klo zu einem Sitzmöbel gemacht. Dabei sagen doch alle Fachleute, in der Hocke sein Geschäft zu verrichten, sei viel gesünder! Das sei die von der Natur vorgesehene Haltung zur Darmentleerung. Ich bin sicher, Gott würde diese französischen Stehklos empfehlen!

Womit wir dann ja auch bei der Kirche wären ... Was tut eigentlich die Kirche gegen das Sitzen? Bei den Orthodoxen, da ist die Welt ja noch in Ordnung. Da gibt es in der Kirche näm-

lich keine Stühle, höchstens am Rand ein paar für die Alten und Kranken. Aber bei uns ...
Nehmen wir bloß mal die Katholiken. Statt dass sie dem Sitzmöbelunwesen entschlossen Widerstand entgegensetzen, haben die den Stuhl sogar noch heilig gesprochen.

Abgesehen von allem anderen fragt man sich natürlich, was ist das für eine Kirche, die als Symbol für ihre oberste Leitung einen Stuhl hat?

Die Kathedralen sind ja eigentlich nichts anderes als Häuser, die man um Bischofsstühle herum gebaut hat. „Kathedrale" heißt nämlich übersetzt: „Stuhl". Kathedralen sind überdachte Bischofsstühle. Und: Der Kölner Dom ist gebaut, damit Herr Meissner auf seinem Stuhl nicht nass wird!

Bei den Evangelischen ist es leider auch nicht besser, nur subtiler: Was bei den Katholiken der Heilige Stuhl ist, das ist bei den Evangelischen die Sitzung.
Allein schon das Wort. Entsprechend ist natürlich auch das Personal, das bei dieser entsprechenden Kulthandlung namens Sitzung in der Regel beteiligt ist:
Da gibt es als erstes natürlich immer einen Vorsitzenden, dessen Aufgabe es ist, den anderen den ganzen Abend lang etwas vorzusetzen.

Dann gibt es meist einen Verwaltungsmenschen, der an der Quelle sitzt, einen Finanzmenschen, der auf dem Geld sitzt, einen Pfarrer, der auf den Ohren sitzt und ein paar Gemeindeglieder, die auf heißen Kohlen sitzen.

Wohl dem, der nicht sitzt, kann man da eigentlich nur sagen – übrigens ein Zitat aus dem 1. Psalm. Wohl dem, der nicht sitzt ...

Im Grunde ist das sogar schon so ein Vorgeschmack auf das ewige Leben. Denn bevor das Paradies kommt, sagt die Bibel, wird erst mal Schluss gemacht mit der ganzen Sitzerei, mit all den Sitzungen und Kathedralen den heiligen Stühlen, den ganzen Beisetzungen.
Denn dann heißt es für einige erst mal aufzuerstehen, oder wie man auch gerne sagt: auf-er-stehen.
Ich kann euch nur raten: Fangt an, das große allgemeine Entsetzen, das uns dann bevorsteht, jetzt schon mal immer wieder ein bisschen zu üben!

Ein Jude steht an der Klagemauer und betet zu Gott: „Herr, was soll ich nur tun, mein einziger Sohn ist Christ geworden!" – Gott: „Ja, das kenne ich, war bei meinem Sohn auch so." – Jude: „Und was hast du dann gemacht?" – Gott: „Ein neues Testament!"

Klingelt's bei Ihnen?

40,- € per Dauerauftrag und jeden Sonntag € 1,- in die Kollekte, das macht knapp € 45,- im Monat für die Gemeinde. Das sind von meinem Bruttoverdienst knapp 2%. Und jeden Monat kaufe ich Jungscharmaterial oder kopiere was auf meine Kosten für mindestens € 10,- bis € 13,-.

Rechne ich mal fairerweise nur € 11,-, dann komme ich auf ... Ach, so und noch Telefonate für die Gemeinde von meinem Apparat aus, das sind auch noch mal € 10,- im Schnitt. Dann bin ich schon bei 3%. Immerhin! Und wenn ich vom Netto ausgehe? Das machen die anderen bestimmt auch.

Schließlich habe ich ja nur das bar auf der Hand. Dann sind es schon über 4%. Dann hatte ich beim letzten Erntedank 'nen Braunen zusätzlich reingetan. Wenn ich den umlege auf 12 Monate sind das noch mal € 4,16 dazu. 5,5% dürften's jetzt schon sein.

Und dann meine Zeit. Zeit ist Geld. Jede Woche zwei Stunden für Jungschar, das andere will ich mal gar nicht rechnen. Sind acht Stunden im Monat, manchmal sogar zehn.

Aber ich will nicht kleinlich sein, acht sind's jedoch immer. Sagen wir mal € 8,-. Dafür arbeitet sonst kaum noch einer, aber ich investiere meine Stunden ehrenamtlich und andere kriegen Geld z.B. fürs Predigen. 8 mal € 8,- sind 64,- €. Also 45,00 + 11,00 + 10.00 + 4,16 + 64,00. das macht zusammen: 134,16 €

Aber 155,- € müsste ich ...
Aber das vom Zehnten steht, glaub ich, auch nur im Alten Testament und ist eine Richtschnur, kein Zwang. Da ich kein

Spitzenverdiener bin, hat Gott sicher Verständnis, wenn ich von etwa 8% ausgehe.
Zumindest mal vorübergehend, bis der Wagen bezahlt ist. Dann rechnen wir weiter.
Also 8% vom Netto sind bei mir 124,- €. Was??? Da liege ich ja Monat für Monat schon € 1,41 drüber!
Ja, wer sagt's denn ...!

Für die Katz?!

Der Pfarrer hält die schönste Predigt,
gar manche schlafen dennoch ein.
Da kommt auf einmal in die Kirche
des Pfarrers Katze auch hinein.
Sie ging ganz langsam zu der Kanzel
und vorne setzte sie sich hin.
Sie schaut hinauf zu ihrem Pfarrer
und aufmerksam hört sie auf ihn.
Da blicken alle auf die Katze
und auch die Schläfer weckt man auf,
damit sie sehen wie die Katze,
zu ihrem Pfarrer schaut hinauf.
„Ihr wundert euch", sprach da der Pfarrer,
„dass unsre Katze kommt hierher
und dass sie aufpasst auf die Predigt,
das wundert euch vielleicht noch mehr.
Sie kam herein, ich will´s euch sagen
Und suchte sich auch einen Platz,
weil sie gehört hat, dass ihr Pfarrer
hier meistens predigt für die Katz."

BI-BA-BO

Halten Sie nicht auch manche Aussagen der Bibel für überholt? Und sind nicht viele Passagen für Ihre nichtchristlichen Freunde völlig ungeeignet? Dann brauchen Sie den neuen BI-BA-BO, den Bibel-Bastel-Bogen, der Bibellesen wieder zum Vergnügen macht.
Der Bibel-Bastel-Bogen, das ist eine Bibel mit vorperforierten Seiten zum leichten Raustrennen unbequemer Passagen. Stellen Sie sich Ihre ganz individuelle Bibel selbst zusammen – mit dem neuen BI-BA-BO ein Kinderspiel.

Fragen Sie noch heute bei Ihrem freundlichen christlichen Buchhändler nach dem BI-BA-BO und machen Sie für nur 12,95 € aus Ihrer schweren Bibel ein handliches Give-Away, für dessen Inhalt Sie sich nicht mehr schämen müssen. – Natürlich aus dem Hause „Sanfte Verführung".

Zu Risiken und Nebenwirkungen fragen Sie den Papst oder Ihren Apotheker.
(www.superzwei.de)

DER BIBABO!
NEU!
RATSCH!
Hier ab-
trennbar!
NUR
12,95 €
SUPER+SUP

So dumm können nur Kinder sein!

Ich sitze in Ostfriesland am Frühstückstisch meiner Gastgeber und wir unterhalten uns über das Weltgeschehen. Das anderthalbjährige Kind der Familie spielt im Wohnzimmer. Plötzlich zerbricht irgendetwas.

Kurze Zeit später kommt das Kind mit einem Teil einer kaputten Vase in die Küche und sagt mit einem überraschten Blick: „Da, da, da!!", als wenn es sagen wollte: „Guck mal, was ich gemacht habe, könnt ihr da was mit anfangen?"

Spontan dachte ich, na, das lernt der Kleine auch noch, was man kaputt macht, nicht einfach so offen zu zeigen. So dumm können nur Kinder sein. Was man kaputt macht, das versteckt man, verheimlicht man. Das zeigt man doch nicht so offen. Zur gleichen Zeit denke ich an die Aussage Jesu, der sagt: „Werdet wie die Kinder." Die gehen ja offen, voll Vertrauen mit ihrem Versagen um, mit ihren „Scherben". Und wenden sich an die, von denen sie Hilfe erwarten. Bis auch sie die Erfahrung machen, dass sie bei Versagen Strafe bekommen, das Vertrauen zerbricht und das große Verstecken losgeht.

Gut, dass Gott auf unsere Schuld nicht brutal reagiert, losschlägt und anklagt oder sich eingeschnappt zurückzieht. Er wartet darauf, dass wir ihm die Scherben bringen, unser Versagen, unsere Schuld. Er ist der Fachmann für alle Brüche im Leben. Wer kann besser trösten, besser heilen, besser verbinden als er?
(Siehe auch Matthäus 18,3)

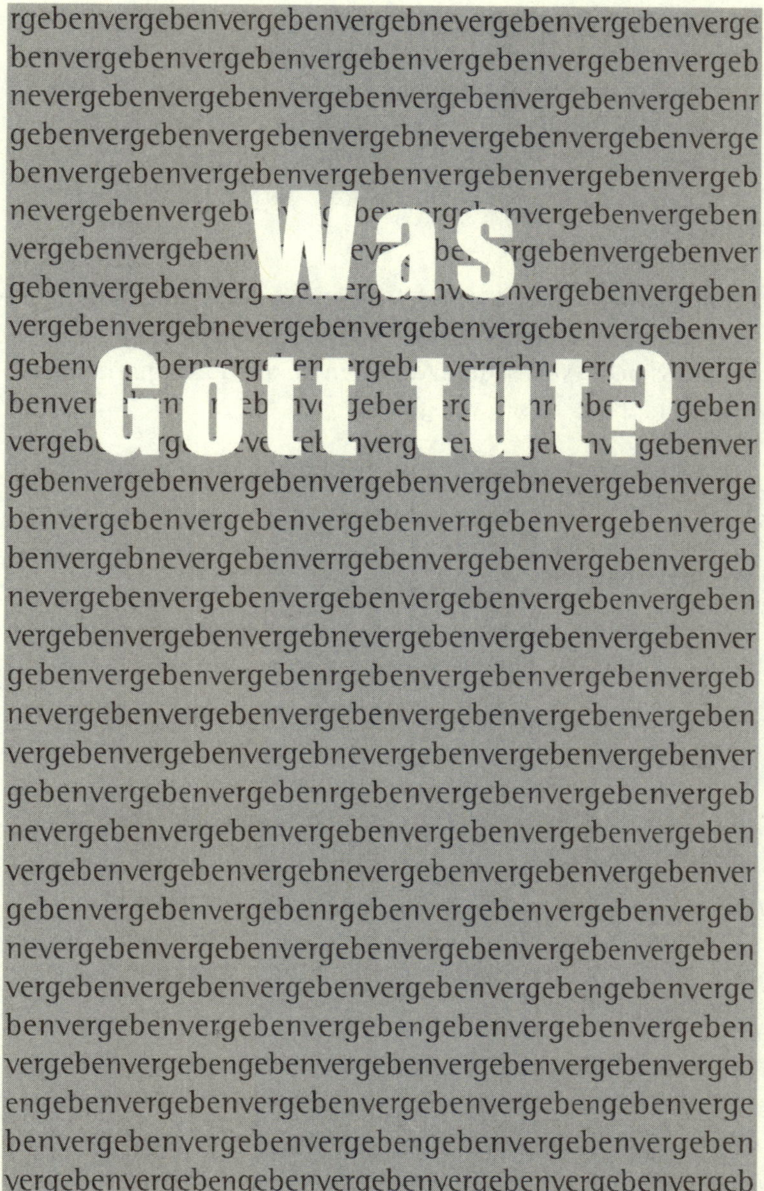
Was
Gott tut?

Das Gebet des Senators

Als Senator Joe Wright gebeten wurde, am 23. Januar 1996 in Topeka, der Hauptstadt des US-Bundesstaates Kansas, die neue Wahlperiode des Senats zu eröffnen, erwarteten alle Teilnehmer die üblichen Allgemeinsätze, hörten jedoch folgendes Gebet:

„Himmlischer Vater, wir treten heute vor dich und bitten um Vergebung und suchen deine Weisung und Führung. Wir wissen, dass dein Wort sagt: „Wehe denen, die Böses gut nennen“, aber genau das haben wir getan.

Wir haben unser geistliches Gleichgewicht verloren und unsere Werte verdreht.

Wir bekennen das:

Wir haben die absolute Wahrheit deines Wortes lächerlich gemacht und das Pluralismus genannt.

Wir haben andere Götter angebetet und das Multikultur genannt.

Wir haben Perversion gut geheißen und das alternativen Lebensstil genannt.

Wir haben die Armen ausgebeutet und das ihr Los genannt.

Wir haben unsere Ungeborenen getötet und das Selbstbestimmung genannt.

Wir haben Menschen, die Abtreibung vornahmen, entschuldigt und das Recht genannt.

Wir haben es vernachlässigt, unseren Kindern Disziplin beizubringen, und das Selbstachtung genannt.

Wir haben Macht missbraucht und das Politik genannt.

Wir haben den Besitz unseres Nachbarn beneidet und das Strebsamkeit genannt.

Wir haben den Äther mit Pornografie und weltlichen Dingen verschmutzt und das Pressefreiheit genannt.

Wir haben die Werte unserer Vorväter belächelt und das Aufklärung genannt.

Erforsche uns, o Herr, und erkenne heute unser Herz, reinige uns von allen Sünden und mache uns frei davon. Führe und segne Männer und Frauen, die gesandt sind, um uns in das Zentrum deines Willens zu führen, dass wir offen danach fragen im Namen deines Sohnes, des lebendigen Erlösers, Jesus Christus."

Zwei Spötter stehen vor der Kirche und lästern. Sagt der eine „Wer glaubt denn heute noch an die 7 Gebote?!"

Gott, ist der süß

„Gott, ist der süß!"

„Warum findest du denn Gott süß?"

„Das meine ich nicht ernst, das sagt man so. Ich meine den Hund da drüben."

„Ach. Heißt der Gott?"

„Nein, sagte ich doch, ich meinte das nicht ernst."

„Dass du ihn nicht süß findest?"

„Wen?"

„Den Hund."

„Doch!"

„Und Gott?"

„Weiß nicht."

„Warum sagst du es dann?"

„Weiß nicht."

„Warum weißt du nicht?"

„Weiß ich nicht!"

2. Mose 20,7: Du sollst den Namen des Herrn, deines Gottes, nicht missbrauchen; denn der Herr lässt den nicht ungestraft, der seinen Namen missbraucht.

Gott, kein Unterlasser sondern Unternehmer!

Er hätte Besseres tun können

Er hätte im Himmel bleiben können

Er hätte mit den Engeln Schach oder Orgel spielen können

Er hätte sich ein schönes Leben machen können

Er hätte jeden Tag göttlich speisen können

Er hätte seine Hände in den Schoss legen können

Er hätte jeden Nachmittag spazieren gehen können

Er hätte tatenlos zusehen können

Er hätte die Schuld der Menschheit verdrängen können

Er hätte unsere Hände in Unschuld waschen können

Er hätte vom Kreuz absteigen können

Er hätte – aber er hat nicht

Er ist Mensch geworden

Gott, kein Schwätzer, sondern Täter

Die Narrenkappe

Eine Theaterszene beschreibt eine Realität, die sich bis heute in vielen Varianten wiederholt:

König Heinrich VIII. von England rief seinen Hofnarren an sein Sterbebett und sagte zu ihm: „Mein Freund, wir müssen Abschied nehmen."
Der Narr behielt seine Kappe auf und fragte mit verstelltem Ernst: „Wohin gehst du, Herr?"
„Ich weiß es nicht", antwortete der König.
„Hast du dir Reisegeld mitgenommen?"
„Nein, das habe ich nicht", bekannte der Befragte.
„Dann hast du sicher für einen Wegweiser oder Führer gesorgt?", erkundigte sich der Gerufene. Da seufzte der König und erwiderte traurig: „Ich kenne keinen."
Da nahm der Narr seine Kappe ab und rief: „O König, ich hab mir mein Lebtag gewünscht, einen größeren Narren als mich kennen zu lernen. Heute ist er mir begegnet. Du begibst dich auf eine Reise und kennst den Weg nicht. Du kehrst nicht mehr zurück und nimmst weder Nahrung noch Reisegeld mit. Du weißt nicht, wo du bleibst, und hast keinen Führer, der dich sicher ans Ziel bringt. Da, nimm die Narrenkappe, du bist der größere Narr von uns beiden."

Denn was gewinnt ein Mensch, selbst wenn ihm die ganze Welt zufällt und er dabei das ewige Leben verliert?
(Matthäus 16,26)

Nicht geeignet?

Die Pfarrwahlkommission konnte und konnte sich nicht zu einem Vorschlag zur Wahl eines Pfarrers durchringen, weil kein Bewerber das Idealbild verkörperte, das den guten Leuten unverrückbar vor Augen stand.

Schließlich sagte der Vorsitzende seufzend: „Tja, nun habe ich hier noch eine Bewerbung. Aber sie klingt nicht sehr vertrauenerweckend. Der Mann schreibt von sich selber, er sei nicht ganz gesund, ihm habe seine Krankheit in der Gemeindearbeit schon ernstlich zu schaffen gemacht. Zwar verfüge er über weitreichende Erfahrungen, halte es aber nie lange in einer Gemeinde aus. Nur in einer sei er immerhin drei Jahre geblieben. Öfters habe er Streit mit Amtsbrüdern oder bestimmten Gruppen in der Gemeinde. Organisation sei nicht seine starke Seite. Man sage ihm nach, dass er gelegentlich sogar vergesse, wen er getauft habe.

Andererseits dürfe er wohl annehmen, dass er ein recht guter Theologe und Prediger sei. Auch meine er, den Heiligen Geist zu haben. Wenn die Gemeinde es mit ihm versuchen wolle, werde er ihr dienen, so gut er könne."

Allgemeine Entrüstung. Was? Ein kränklicher, streitsüchtiger und gedächtnisschwacher Mann wagte es, sich zu bewerben? Man stimmte ab: Nein, den Mann lud man gar nicht erst zur Probepredigt ein.

Der Vorsitzende schloss seufzend die Akten. „Das habe ich mir schon gedacht. Aber Sie sollen doch wenigstens den Namen dieses bedauernswerten Mannes erfahren. Es ist der Apostel Paulus."

Normalerweise!

Das meiste, was wir als Christen zu verkündigen haben, ist paradox:

Ein Gott wird normalerweise kein Mensch!

Eine Jungfrau kriegt normalerweise kein Kind!

Ein Schreiner aus Nazareth wird normalerweise nicht Herrscher des Universums!

Ein Mensch geht normalerweise nicht auf Wasser!

Ein höheres Wesen lässt sich normalerweise nicht von Menschen auf dem Kopf rumtrampeln!

Und ein Ermordeter aufersteht auch normalerweise nicht von den Toten!

Norm-alerweise!

Aber wer definiert schon die Norm?

> Wusstest du, dass sich Jesus und die Pharisäer sehr ähnlich waren? Sie unterscheiden sich z.B. nur durch einen Buchstaben: Bei den Pharisäern drehte sich alles um die Sünden und bei Jesus um die Sünder.

Tagebuch einer Bibel

1. Januar

Ich stehe im Regal, in dem ich schon seit 20 Jahren stehe. Damals haben sie geheiratet und mich vom Pfarrer geschenkt bekommen. Ganz am Anfang, vor 20 Jahren, da wurde ich ab und zu mal herausgeholt, so um die Weihnachtszeit. Aber seit rund 19 Jahren, die totale Stille.

1. März

Bin total erschrocken. Wurde tatsächlich aus dem Regal genommen, zusammen mit den anderen Büchern abgestaubt. Aha, Frühjahrsputz. Wenigstens einmal eine Abwechslung im Jahr.

1. April Ich stehe im Regal

1. Mai Ich stehe im Regal

1. Juni Ich stehe im Regal

1. Juli Ich stehe im Regal

1. August Ich stehe im Regal

15. September

Was ist los? Die nehmen mich ja raus. Ich soll ein Hochzeitsgeschenk werden. Die Tochter heiratet und da gibt man eben die Familienbibel mit. Prima! Große Aufmachung zur Übergabe. Alle toll angezogen. Bin gespannt, wie der neue Wohnzimmerschrank ist. Hoffentlich ist da mehr los!

20. September

Liege seit Tagen mit einigen anderen Geschenken in einem Karton. Kochlöffel, Kissen, Blumentöpfe, Scheren, Gläser, Salatschüsseln. Das haben wir schon so oft, sagte die Braut, das brauchen wir gar nicht.

25. September

Gerade wurde ich in dem Karton zusammen mit den anderen Geschenken auf den Dachboden getragen. Was soll das denn?...

Ich bin der Überzeugung, dass die größten Gefahren, die dem kommenden Jahrhundert bevorstehen, folgende sind:

> eine Religion ohne den Heiligen Geist

> eine Christenheit ohne Christus

> eine Vergebung ohne Buße

> eine Erlösung ohne Wiedergeburt

> eine Politik ohne Gott

> und ein Himmel ohne Hölle

(William Booth, Gründer der Heilsarmee)

Christen sind enttäuschungsresistenter. Sie handeln aus dem Vorletzten heraus mit dem Blick auf das Letzte, das Paradies. Das ist ihre Hoffnung und ihre Basis zugleich.

Nicht schlecht!

Der Teddy, den ich als Kind **neben mir** in meinem Bett hatte, war **nicht schlecht,**
aber als er (und ich) ins Alter kam, ***verlor er*** *immer mehr an Sägespänen.*

Die Frau, die ich heiratete und **neben mir** im Bett hatte, war **nicht schlecht,**
aber als ich feststellte, sie ist auch nur ein Mensch und kann meine Sehnsucht nach Liebe und Sinn nicht stillen, ***verlor*** *sie immer mehr an Attraktivität.*

Die Aktien und Brillianten aus Südafrika und der Revolver, den ich **neben mir** im Bett hatte, aus Angst vor Überfällen, waren **nicht schlecht,**
aber durch Kriege und Korruption ***verloren*** *sie immer mehr an Wert und Kurs.*

Die Bibel, die ich im Hotel **neben mir** am Bett hatte, war **nicht schlecht,**
aber durch die alte Übersetzung verstand ich kaum etwas und ***verlor*** *immer mehr das Interesse.*

Als ich nach einer Massenkarambolage in der Intensivstation aufwachte ging's mir wirklich **schlecht.**
Mein Nachbar kniete ***neben mir*** *am Bett und betete, ich hatte das Bewusstsein* ***verloren****, er aber nicht das Interesse an mir.*

Firma Schöpfer & Sohn

Firma Schöpfer & Sohn

137 Himmelreich
In der Heiligkeit 12

Abt. Zorn + Recht

An
Mein Geschöpf
XOX111 Erdreich

Dritte und letzte Mahnung

Leider haben Sie auf die beiden vorausgehenden Mahnungen nicht reagiert. Nach unseren Büchern sind sowohl die Schulden, die Sie von ihren Eltern übernommen haben, wie auch Ihre eigenen, seit Ihrer Geburt bis heute nicht beglichen worden.

Da es sich in beiden Fällen um überaus große Beträge handelt, sahen wir uns gezwungen, Zwangsmaßnahmen gegen Sie einzuleiten, falls Sie nicht innerhalb von zehn Tagen ihr Konto voll ausgeglichen haben.

Wahrlich!

Ihr Gott

PS. Ihre bisher zur Schau gestellte Sorglosigkeit können wir uns nur durch den leichtfertigen Ruin Ihres Gedächtnisses erklären. Hier zur Erinnerung einige der größten offenen Posten:

Sie erhielten von uns:

- einen Körper, funktionstüchtig, komplett ausgestattet, Einzelanfertigung von hohem künstlerischem Wert
- eine größere Menge an Verstand und Gefühl
- einen ausgeprägten Willen samt Anleitung zum Gebrauch
- mehrere hochwertige Begabungen und Fähigkeiten
- eine ausreichende Menge an Urvertrauen
- ein überaus kostbares Leben
- viel Geschichte, Tradition, Erziehung etc.
- tägliche Lieferung von Lebensmitteln
- eine speziell auf ihre Bedürfnisse abgestellte Umwelt, samt Anleitung zum vernünftigen Umgang
- Rohstoffe, Energie etc.
- seelische Kräfte, Freude
- ein wenig Weisheit (auf Wunsch hätten wir gerne mehr geliefert)
- Eltern, Nachbarn, Freunde, Mitmenschen
- hochwertige Berufsausbildung (zur Freizeit und Liebesfähigkeit) incl. aller dazu notwendigen Probleme und Schmerzen

Hinzu kommen die Mahnkosten (Krankheit etc.) und vor allem die hohen Schadensersatzforderungen für alles durch ihre Versäumnisse, Fehltritte und Dienstpflichtverletzungen entstandene Unheil, wie Misstrauen, Streit, Neid etc.

„Alles hat seine Zeit“

1914-18	Erster Weltkrieg
20.8.1975	Landung auf dem Mars
19.7.64	Rom brennt
1984	Olympische Winterspiele
1662	Erfindung des Bleistifts in Sarajewo
21.7.1969	Erster Mensch auf dem Mond
9.4.30	Auferstehung Jesu
10.12.1979	Friedensnobelpreis für Mutter Theresa
1919	Einführung des Frauenwahlrechts
1969	zum ersten Mal setzt ein Mensch den Fuß auf einen anderen Planeten
1934	Barmer Theologische Erklärung
9.11.1989	Öffnung der DDR Mauer
1970	Gründung der Uni Kassel
????	Beginn der Zeitrechnung
17.5.1943	Zerstörung der Ederseemauer
962	Kaiser Otto gekrönt
18.8.1961	Bau der Berliner Mauer
12.2.1961	Erster Flug zur Venus
1471	Albrecht Dürer
1996	3000 Jahre Jerusalem
1993	die Europäische Union entsteht
1.1.1975	Volljährigkeit mit 18 Jahren
32	Paulus wird Christ

1999	die Nato fliegt Luftangriffe zur Beendigung der Kosovo-Krise
7.4.30	Kreuzigung Jesu
1989	das 40 Jahren Sozialismus bricht das Regime der DDR zusammen
31.10.1534	Martin Luther schlägt die 95 Thesen an
1793	Abschaffung der christlichen Zeitrechnung in Frankreich
1492	Columbus entdeckt Amerika
7.7.1974	Fußball Weltmeister: Deutschland
2.10.1869	Geburt von Mahatma Gandhi
7.2.1964	USA-Tournee der Beatles
28.8.1749	Johann Wolfgang von Goethe
22.9.1499	Schweiz wird ein freies (reichsunabhängiges) Land
11.9.2001	Terroranschläge auf die USA
29.4.1899	ein Auto fährt zum ersten Mal über 100 km/h
12.6.1929	Anne Frank wird geboren
1.1.1919	Einführung des 8-Stunden-Tags für Arbeiter
23.5.1949	Verkündigung des Grundgesetzes für die Bundesrepublik Deutschland
1347	durch die Pest sterben in Europa 60-70 Mill. Menschen
1454	Johannes Gutenberg erfindet den Buchdruck
1648	der „Westfälische Friede“ beendet den Dreißigjährigen Krieg

1896 P. de Coubertin initiiert nach gut 1500 Jahren Pause die Olympischen Spiele in Athen

1933 Hindenburg ernennt Adolf Hitler zum Reichskanzler

6.8.1948 die USA werfen eine Atombombe auf Hiroshima ab

1953 Crick und Watson entdecken die DNS als „Geheimnis des Lebens“

1985 Michail Gorbatschow verkündet das Reformprogramm „Perestroika“

Altes Testament - Prediger 3,1-8

1 *Alles hat seine Stunde. Für jedes Geschehen unter dem Himmel gibt es eine bestimmte Zeit:*

2 *eine Zeit zum Gebären und eine Zeit zum Sterben, eine Zeit zum Pflanzen und eine Zeit zum Abernten der Pflanzen,*

3 *eine Zeit zum Töten und eine Zeit zum Heilen, eine Zeit zum Niederreißen und eine Zeit zum Bauen,*

4 *eine Zeit zum Weinen und eine Zeit zum Lachen, eine Zeit für die Klage und eine Zeit für den Tanz;*

5 *eine Zeit zum Steinewerfen und eine Zeit zum Steinesammeln, eine Zeit zum Umarmen und eine Zeit, die Umarmung zu lösen,*

6 *eine Zeit zum Suchen und eine Zeit zum Verlieren, eine Zeit zum Behalten und eine Zeit zum Wegwerfen,*

7 *eine Zeit zum Zerreißen und eine Zeit zum Zusammennähen, eine Zeit zum Schweigen und eine Zeit zum Reden,*

8 *eine Zeit zum Lieben und eine Zeit zum Hassen, eine Zeit für den Krieg und eine Zeit für den Frieden.*

Kommt mir irgendwie bekannt vor ...

Der 23. Kanal

Der Fernsehapparat ist mein Hirte. Mir wird es an geistlichem Wachstum mangeln. Er weidet mich in meiner ganzen Freizeit auf bequemen Sesseln, sodass ich nichts mehr für Jesus und andere Menschen tun kann. Er führet mich zu vielen guten Sendungen, „die man gesehen haben muss“, und lässt mich dabei meinen Auftrag versäumen.

Er erquicket mich mit viel weltlicher Information und hält mich ab vom Bibellesen. Er führet mich auf der Straße des Stumpfsinns und des geistlichen Nichtstuns.

Und ob ich schon hundert Jahre alt würde, so könnte mich doch nichts von meinem Fernseher abbringen. Denn er ist bei mir. Sein Ton und sein Bild trösten mich. Er bereitet vor mir viel Unterhaltung und hält mich von meinen Familienpflichten ab.

Er erfüllt mein Haupt mit Ideen, die nichts mit dem Wort Gottes zu tun haben.
Wahrlich, weder Gutes noch Barmherzigkeit werden mir folgen mein Leben lang, denn der Fernseher lässt mir so wenig Zeit übrig, um Gottes Willen zu tun.
Und ich werde bleiben im Hause der Intendanten und der Privatsender immerdar.

(nach Psalm 23)

KOMMT NICHT HER ZU MIR,
DIE IHR MÜHSELIG UND
BELADEN SEID. ICH
KANN EUCH NICHT
ERQUICKEN!

Wer's nicht glaubt schlägt nach!

Jesaja 22,18 – Er wird dich packen und zusammenrollen wie Garn zu einem Knäuel und dich wie ein Ball wegschleudern in ein Land mit großen, weiten Ebenen.

Jesaja 23,1 – Heult und klagt, ihr großen Seeschiffe!

Jesaja 28,10 – Was soll dieses ewige „La, la-la, la. Ma, ma-ma, ma. Du da, pass auf?“

Jeremia 10,5 – Solche Götter stehen da wie Vogelscheuchen im Gurkenfeld.

Ezechiel 3,1 - Du Mensch, nimm diese Buchrolle und iss sie auf!

Ezechiel 16,59 – Wie du mir, so ich dir!

Ezechiel 24, 3b-5 – Den Topf aufs Feuer. Wasser hinein. Das Fleisch zerlegen. Die Stücke in den Topf, lauter gute Stücke von Lende und Schulter. Dazu Knochenstücke voller Mark. Alles nur von ausgesuchten Schafen. Unter dem Topf das Holz aufschichten. Tüchtig sieden lassen. Die Knochen gut auskochen.

Sprüche 16,7 – Wenn Gott mit deinem Tun einverstanden ist, dann macht er sogar deine Feinde bereit, mit dir Frieden zu schließen.

Sprüche 19,17 – Einem Bedürftigen helfen heißt, Gott etwas leihen, der wird es voll zurückerstatten.

Sprüche 20,6 – Viele reden von Treue; aber finde mal einen, auf den Verlass ist!

Psalm 8,6 – Gott, du hast dem Menschen Macht und Würde verliehen; es fehlt nicht viel, und er wäre, wie du.

Psalm 14,1 – Einen Gott, mit dem man rechnen muss, gibt es nicht.

Joel 4,10 – Schmiedet eure Pflugscharen zu Schwertern und eure Winzermesser zu Lanzen um. Aber in Micha 4,3 steht das Gegenteil: „Dann schmieden sie Pflugscharen aus ihren Schwertern und Winzermesser aus ihren Lanzen."

Nahum 3, 5+6 – Ich will dir die Kleider hochheben, dass die Völker deine Blöße sehen. Ich werde dich mit Kot bewerfen und an den Pranger stellen.

Jesaja 1,29 – Ihr liebt eure heiligen Eichen und umgebt sie mit Hecken.

Ezechiel 39,20 – Fresst euch satt an Pferden, Reitern und Kriegsleuten.

Amos 4,1a – Hört ihr Frauen von Samaria, rundlich und schön wie Baschans Kühe.

Amos 4,4 – Gott der Herr sagt: Auf ihr Israeliten! kommt zum Heiligtum, von Bet-El und sündigt.

Amos 5,19 – Es wird euch ergehen wie dem Mann, der vor einem Löwen davonläuft und auf einen Bären trifft, und wenn er glücklich das Haus erreicht hat und sich an die Wand lehnt, beißt ihn eine Schlange.

Sacharja 5,9-11 – Dann sah ich, wie der Wind zwei Frauen mit Storchenflügeln daher trug; die nahmen das Fass und flogen mit ihm davon. Ich fragte den Engel: „Wohin bringen sie die Frau?" Er antwortete: „Ins Land Schinar. Dort baut man ihr einen Tempel und stellt sie auf ein Podest."

„Wir sind gegen Posaunen-Chöre!"
Interessengemeinschaft Jericho e.V.

Was sagte Gott, als er das Ruhrgebiet erschuf? „Essen ist fertig."

„Wer war der erste Taxifahrer?" – „Schlimmes." – „Wieso Schlimmes?!" – „Na, das steht doch schon in der Bibel: ‚Und Schlimmes wird euch wi(e)derfahren …'"

Aus Schulaufsätzen:

> Als Kind lag Jesus mit einer Grippe im Stall.
> … der barmherzige Bernhardiner.

„Papi, wie hat Gott es geschafft, die Welt in sechs Tagen zu erschaffen?" „Er war nicht auf Handwerker angewiesen!"

Wo wird die Bundeswehr zuerst erwähnt? In der Bibel. Da steht: „Sie trugen seltsame Gewänder und irrten planlos umher …"

Der erste Floh hieß Joseph und kam aus Ägypten: „Joseph floh aus Ägypten."

Während der Wirtschaftskrise stehen zwei Arbeitslose zum Stempeln an. „Weeßte Heini", sagt der eine zum anderen, „det eene kann unsereenem noch zum Trost jereichen, dat unser lieber Herrjott nach sechs Tagen ooch schon wieder keene Arbeit mehr hatte."

Als Einleitung zur Geschichte des Wunders von Kana erkundigte sich die Lehrerin in ihrer zweiten Klasse: „Wisst ihr auch, was eine Braut ist?" – „Eine Braut ist eine junge Frau, die hat noch keinen Mann, weiß aber schon einen."

Wussten Sie schon, dass der Pharao von Ägypten bei den zehn Plagen großes Glück hatte, dass Mose nicht kleinkariert war? Nun, wenn der aus jeder Mücke einen Elefanten gemacht hätte ...

Ein Architekt, ein Arzt und ein Politiker unterhalten sich darüber, wer den ältesten Beruf hat. Beginnt der Arzt: „Gott hat Adam eine Rippe entnommen und daraus die Eva gemacht. Also ist mein

Beruf der älteste." Sagt der Architekt: „Irrtum, mein Lieber. Zuvor hat Gott die Welt aus dem Chaos geschaffen. Wir Architekten tun nichts anderes. Also ist ja wohl mein Beruf der älteste." Da trumpft der Politiker auf: „Und wer hat das Chaos geschaffen???"

Wie nennt man einen Bürger aus Lüneburg der aus der Kirche ausgetreten ist? Ein Lüneburger Heide.

Warum hat Gott erst einen Mann geschaffen? Er wollte erst mal einen Grobentwurf.

Der Religionslehrer fragt Heidi: „Was passiert, wenn man eines der zehn Gebote bricht?" Heidi: „Dann sind es eben nur noch neun!"

Das Bibelwerk will wieder kundenfreundlich werden, also stellt es Leute ein, die – ähnlich wie Staubsaugervertreter – die verschiedenen Bibelausgaben in einer „Von-Tür-zu-Tür-Aktion" an den Mann bringen sollen. Politisch korrekt, wie der Christ nun einmal ist, stellt der Personalchef auch einen Stotterer ein. An einem Montagmorgen beginnen die Aktionen, die Vertreter schwärmen mit prallgefüllten Koffern aus. Mittags kehrt der Stotterer in die Geschäftsstelle zurück. „Gab's Schwierigkeiten?", fragt der Bereichsleiter halb sorgenvoll, halb amüsiert. „Im Gggg-eegenteil", antwortet der Stotterer, „aaa-aales vvvverkauft!" „Wie haben Sie denn das geschafft, und auch noch in so kurzer Zeit?", wundert sich der andere. „Nnnna ja, iiiich hab halt g-e-klingelt,

HE, GIRAFFE! WAS IST LOS ?! WARUM GEHT ES NICHT MEHR WEITER?
OH, DAS KANN DAUERN. DIE TAUSEND-FÜSSLER ZIEHEN SICH IHRE HAUS-SCHUHE AN!
JÖRG[5]

und dann hab ich die Biiibbbeln angeboten, Llllluujuuuther, Zzzzzüricher, Gggggguuuute Nachricht und so und Grooooßdruck, Nnnnnnn-ormal und S-s-s-s-senfkorn ..." „Wie, und dann haben die Leute einfach so gekauft?" „Nnna, am Ende hab ich immmmmmmer gefragt: Wollen Ssss-s-s-sie eine kaufen o-oder soll ich Ihnen vvvvv-vvvvorlesen?"

Ein Amerikaner, ein Engländer und ein deutscher Beamter: Der Amerikaner ist blind, der Engländer sitzt im Rollstuhl und der deutsche Beamte hat einen gebrochenen Arm. Plötzlich steht Jesus vor ihnen und fragt, was er für sie tun kann. Der Amerikaner sagt, dass er wieder sehen möchte. Jesus streicht ihm über die Augen und der Amerikaner kann wieder sehen. Dann streicht Jesus dem Engländer über die Beine und der Engländer kann wieder gehen. Sagt der deutsche Beamte: „Bevor du jetzt irgendetwas machst, denk daran, ich bin noch vier Wochen krankgeschrieben."

Ein Atheist geht ins Museum. Er sieht sich die Bilder an und bleibt schließlich vor einem Gemälde von Rubens stehen. „Die Heilige Familie auf der Flucht". Er betrachtet lange das Bild. Endlich wendet er sich zu seinem Begleiter. „So sind die Christen! Seit Jahrhunderten erzählen sie den Leuten, Maria und Josef seien so arm gewesen, dass Maria ihr Kind in einem Stall zur Welt bringen musste. Aber um sich von Rubens malen zu lassen – dafür hatten sie Geld genug!"

... und es geht weiter

Als ich in den 70er Jahren in einer Jugendherberge auf sehr unkonventionelle Weise Christ wurde, habe ich in den ersten Monaten die Bibel verschlungen, wie ein Durstiger, dem man einen nassen Schwamm hinhält. Der dickste Liebesbrief *, den ich je bekam. Wahnsinn. Je länger ich darin las, desto mehr habe ich mich an die Aussagen gewöhnt, das fast „blinde“ Interesse des Anfangs wich später einem „nüchternen“ Aufnehmen der Guten Nachricht Gottes. Nachdem ich jetzt fast 40 Jahre mehr oder weniger regelmäßig die Bibel „studiere“, bin ich umso erstaunter, wie aktuell sie ist. Früher konnte ich nicht verstehen, dass Politiker, Schriftsteller und Philosophen, die gar keine Christen waren, die Bibel als das wichtigste Buch einstuften. Heute, mit mehr als 54 Jahren Lebenserfahrung, kann ich nur bestätigen, wie alltagstauglich die biblischen Aussagen sind. Endlich ein Buch, das das Leben nicht beschönigt oder es nur schwarz malt.

Es ist bis in die feinsten Adern des Lebens, bis in die tiefsten Bereiche des Menschseins realistisch. Ein Buch voller Tragik und Humor, voll mit Krieg und Frieden, vollgespickt mit Geschichten menschlicher Resignation und göttlicher Hoff-

* *Aber was nützt dir ein Liebesbrief, wenn du den Liebhaber nie persönlich kennen lernst? Das ist wie eine Speisekarte, die kann zwar interessant und sinnvoll sein, davon wird aber keiner satt, entscheidend ist doch das Essen. Viele Christen geben sich mit der Speisekarte zufrieden. Wenn sie die Bibel zur Hand nehmen, denken sie, das ist das Entscheidende, und verstehen nicht, warum ihr geistliches Leben so leer bleibt.*

nung. Freude und Trauer, Leid und Heilung, Tanz und Mord, Ausgelassenheit und Gesetzlichkeit, Spontaneität und Vorschriften bringen mich zum Staunen und Danken, Ärgern und Fragen, Beten und Wundern.

Zum Glück haben mich die ersten Christen, mit denen ich zu tun hatte, gelehrt, die Bibel als Hand- und Arbeitsbuch zu verstehen, in den man Bemerkungen und Notizen anbringen konnte.

Anfangs hatte ich jede Menge Fragezeichen an etlichen Stellen mit Bleistift angebracht (natürlich auch jede Menge Ausrufezeichen), von denen ich etliche im Laufe der Jahre ausradieren konnte. Natürlich sind noch Fragezeichen in meiner Bibel geblieben, aber ich maße mir nicht an, dass ich alles verstehen muss, um an etwas zu glauben. Ich versteh mich ja selbst auch manchmal nicht und werfe mich deshalb ja nicht gleich weg!

Mit zunehmendem Alter merke ich, dass viele scheinbaren Widersprüche die Spannung eines lebendigen Christseins ausmachen, z.B. wenn ich im Brief an die Philipper in Kapitel 2 lese: „... und tut mit Furcht und Zittern alles für eure Errettung", d.h. doch, wir müssen alles tun für unsere Errettung, wir müssen wach und aktiv werden und können die Sache mit Gott nicht auf die leichte Schulter nehmen! Und im Text geht es nahtlos weiter: „ ... da Gott es ist, der nach seinem Wohlgefallen in euch das Wollen und Vollenden wirkt ..." Das heißt doch konkret, wir können gar nichts tun, überhaupt nichts tun, wir können uns zurücklehnen und entspannen! Wenn ich diesen Text „neutral" und mit Abstand lese, denke ich vielleicht: So ein Schwachsinn. Was soll ich denn jetzt? Selbst aktiv werden? Oder Gott alles überlassen? Wenn ich aber immer intensiver mit diesem Jesus lebe, merke ich, genau in dieser Spannung der beiden Extreme findet lebendiges Christsein statt. Einmal mehr der Anspruch an mich, mich zu bemühen, beim anderen Mal mehr der Zuspruch der Entlastung. Ich glaube, dass man zu dieser Erkenntnis aber nur über die Praxis, über das Leben mit Gott gelangt. Deshalb kann ich eigentlich nur jedem raten, lies nicht nur die Bibel, sondern lebe sie, trainiere sie, übe sie ein, und du wirst erstaunt sein, welche Bezüge du zu deinem Alltag finden wirst, im Umgang mit dem Geld, zur Freizeit, zur Arbeitswelt, zum Fernsehen, zum Straßenverkehr oder Geschlechtsverkehr, zur Spaßgesellschaft usw.

Dein Arno Backhaus

Kleine Feed-Back-Karten

Ähnlich wie Visitenkarten, können Sie die unteren Texte auf kleinen Karten entwerfen und unter die Windschutzscheibe klemmen, oder im Restaurant der Bedienung überreichen, oder … na, Ihnen fällt sicher selbst genügend ein.

Liebes Finanzamt!

Ich begleiche ja meine Steuernachzahlung, aber Sie sollten trotzdem auch mal im Alten Testament nachlesen, was dort über Ihren höchsten Dienstherren geschrieben steht:

Sprüche 29,4 „Ein König richtet das Land auf durchs Recht; wer aber viel Steuern erhebt, richtet es zugrunde."

SCHÖN GEPARKT.

So lockern Sie wenigstens das Straßenbild auf.

Lesen Sie auch hierzu in der Bibel Sprüche 9, Vers 15: „Ein Narr hält alles, was er tut, für richtig …"

Warum parken Sie Ihr Auto so schüchtern in meiner Einfahrt!?

Fahren Sie doch gleich in meine Garage.

Lesen Sie auch hierzu in der Bibel Sprüche 3 Vers 29: „Trachte nicht nach Bösem gegen deinen Nächsten, der arglos bei dir wohnt."

Parken Sie ruhig enger.

Ich steige sowieso immer durch den Kofferraum ein.

Lesen Sie auch hierzu in der Bibel Matthäus 7,13: „Gehet ein durch die enge Pforte! Denn das Tor ist weit, das ins Verderben führt, und der Weg dahin ist breit, und viele gehen auf ihm."

Wussten Sie, dass Ihr Witz von vorhin schon so uralt war, dass er schon in der Bibel behandelt wird?

Lesen Sie mal nach
in den Sprüchen 14, Vers 13:
„Hinter dem Lachen kann sich Traurigkeit verbergen; wenn dann die Freude vorüber ist, ist der Schmerz noch da.“

Knallen Sie ruhig wieder mit der Autotür.

Ich kann nachts sowieso nicht schlafen.

Lesen Sie auch hierzu in der Bibel
Sprüche 12, Vers 16:
„Wenn ein Dummkopf gekränkt wird,
zeigt er seinen Ärger sofort;
Kluge beherrschen ihre Gefühle.“

Zuerst die gute Nachricht:
Vielen Dank für die Frisur!
Jetzt die schlechte Nachricht:
Im Frisörladen wird zu viel geredet.

Wussten Sie eigentlich, dass von Ihrem Gewerbe schon in der Bibel steht? Lesen Sie mal in Sprüche 10, Vers 19: „Ein Mensch, der viel redet, versündigt sich leicht; wer seine Zunge im Zaum hält, zeigt Verstand."

Das waren noch Zeiten, als das Mieten billiger war als selber zu kaufen.

Übrigens, wussten Sie, dass von Ihrer Mieterhöhung schon in der Bibel steht?! Lesen Sie mal in Sprüche 15, Vers 6: „Wer Gott gehorcht, in dessen Haus ist Überfluss; wer Gott missachtet, dem bringt sein Gewinn kein Glück."

Ihr Essen war wunderbar, hat ausgezeichnet geschmeckt!

Lesen Sie hierzu, was die Bibel dazu sagt in Prediger 8, Vers 15: „Darum soll sich der Mensch an die Freude halten. Er soll essen und trinken und sich freuen; das ist das Beste, was er unter der Sonne bekommen kann während des kurzen Lebens, das Gott ihm auf dieser Erde schenkt."

„Wurde der Witz von vorhin eigentlich in der gleichen Fabrik hergestellt wie der Sprudel?" „Wie kommen Sie denn darauf?" „Weil er so geschmacklos war wie der Sprudel."

Lesen Sie auch hierzu in der Bibel unter Epheser 4,29: „Lasst kein faules Geschwätz aus eurem Mund gehen, sondern redet, was gut ist, was erbaut und was notwendig ist, damit es Segen bringe denen, die es hören."

Auf einen Blick

Arno Backhaus kann man übrigens auch einladen

- zu einem Familien-Spiele-Nachmittag mit Liedern, Spielen, Quiz und Überraschungen rund um die Bibel (ab 10 Jahren)
- zu einem Vortrag für Paartreffen oder Frühstückstreffen für Männer oder/und Frauen
- Eheseminar mit seiner Frau
- zu einem Konzert unter dem Motto „Lieder, Texte & Persönliches - zum Überleben und Totlachen“
- zu einem Gebetskonzert mit viel Stille und Hören auf Gott
- zu einer „Kinder-Überraschung“ mit Spiel, Spaß & Gags (ab 7 Jahren/mit oder ohne Erwachsene)
- zu einem Seminar „E-fun-gelisation“ (missionarischer Lebensstil & Gesprächsschulung)
- zu einer „Laugh-Parade“ mit viel Klamauk, Gags, Witzen, Songs und Volkstanz

Die unterschiedlichen Programme für Jung und Alt finden Sie auf seiner Homepage:

www.arno-backhaus.de
Kontakt: Arno Backhaus
Hauptstr. 13 · 34379 Calden (bei Kassel)
Tel. 0 56 77-13 43
Fax 0 56 77-5 28
bauchladen@arno-backhaus.de

ARNOS BUCH-PARADE

ARNOS BUCH-PARADE

Paperback, 128 S.
ISBN 3-87067-940-9

Paperback, 130 S.
ISBN 3-87067-675-2

Paperback, 192 S.
ISBN 3-86506-034-X

Paperback, 432 S.
ISBN 3-86506-050-1

Paperback, 96 S.
ISBN 3-87067-971-9

Paperback, 160 S.
ISBN 3-86506-051-X